唐宋八大家故事集

一代文宗 欧阳修

▶ 主编：东方慧子

▶ 参编：徐 敏 乔柏梁 司俊平

杨雪姣 唐卓琦 侯懿净

浓缩八大家风雨人生

风雅与深情 旷达与忧伤

天下雄文 品鉴不朽华篇

青少年心灵成长阅读精品

WUHAN UNIVERSITY PRESS

武汉大学出版社

图书在版编目(CIP)数据

一代文宗欧阳修/东方慧子主编．—武汉:武汉大学出版社,2015.7(2020.7 重印)
唐宋八大家故事集
ISBN 978-7-307-16294-5

Ⅰ.一…　Ⅱ.东…　Ⅲ.欧阳修(1007～1072)—生平事迹
Ⅳ.K825.6

中国版本图书馆 CIP 数据核字(2015)第 148281 号

责任编辑:聂勇军　　责任校对:汪欣怡　　版式设计:马　佳

出版发行:**武汉大学出版社**　(430072　武昌　珞珈山)
(电子邮箱:cbs22@whu.edu.cn　网址:www.wdp.com.cn)
印刷:湖北省荆州市今印印务有限公司
开本:720×1000　1/16　印张:8.75　字数:94 千字
版次:2015 年 7 月第 1 版　　2020 年 7 月第 6 次印刷
ISBN 978-7-307-16294-5　　定价:20.00 元

欧阳修（1007—1072）

欧阳修，字永叔，号醉翁、六一居士，吉州永丰（今江西省吉安市永丰县）人，北宋政治家、文学家。因吉州原属庐陵郡，以“庐陵欧阳修”自居。官至翰林学士、枢密副使、参知政事，谥号文忠，世称欧阳文忠公。后人又将其与韩愈、柳宗元和苏轼合称“千古文章四大家”。

欧阳修是北宋时代文坛领袖，领导了北宋诗文革新运动，继承并发展了韩愈的古文理论，开创了一代文风。欧阳修在变革文风的同时，也对诗风词风进行了革新。在史学方面，也有较高成就。

前　言

“唐宋八大家”是唐宋时期八大散文作家的合称，指的是唐代的韩愈、柳宗元和宋代的欧阳修、苏洵、苏轼、苏辙、王安石、曾巩八位文学巨擘。在明初，朱右最初把这八个作家的文章编选在了一本书中刊行，名为《八先生文集》，后来，唐顺之在《文编》一书中也选用了这八个人的文章。之后明朝古文家茅坤对前人的文章进行了整理和编选，最后取名为《唐宋八大家文钞》，共一百六十卷，“唐宋八大家”从此得名。

“唐宋八大家”闻名于世，他们的一生充满了传奇色彩。韩愈和柳宗元有着特殊的地位，他们是古文运动的倡导者，在中国文学史上有着非常巨大的贡献。欧阳修是一个文学奇才，他的创作非常丰富，是宋朝第一个在散文、诗、词各方面都有很高成就的作家。苏洵抱济世之学，他在政绩上没有什么辉煌的成就，为文却耀眼夺目，其文不屑蹈袭前人的旧踪，能够据前人皆知的史实，挖掘出新颖独到的见解。

苏东坡是中国文学艺术史上罕见的全才，也是中国数千年历史上被公认为文学艺术造诣最杰出的大家之一，但他仕途失意，屡遭贬谪，一生坎坷。

苏辙与其父、兄合称“三苏”，他创作出了数量可观的政论和史论。虽然他的才气不如其兄苏轼，但他的文章于冲和淡泊中蕴蓄着沉雄雅健之势，也有着很高的艺术造诣。

王安石一生脚踏实地，做过很多小官，如知县、通判、太守等，后来当了宰相。他是一个有勇气、有担当的男人，敢于打破陈规陋习。王安石变法对后世的影响非常深远，但是，也有人评价其变法是一场社会灾难。是非功过，千秋之后犹难论定。

曾巩“家世为儒”，幼时读诗书，脱口能吟诵。当官后，为政廉洁奉公，勤于政事，关心民生疾苦。综观曾巩一生，历任州郡官吏十几年，在京师做官的时间不多，整理古籍、编校史书，也很有成就。

他们的人生多难，政途不如意，但在文学方面却有着不可多得的才华。他们的文章不仅仅在唐宋时期非常有名，即便在今天看来，也有非常高的造诣，对当今社会的文学发展有着深远的影响。比如：韩愈的文章构思精巧，气盛言宜；柳宗元的文章说理深邃，牢笼百态；欧阳修的文章唱叹多情，从容不迫；苏洵的文章纵横雄奇，一波三折；曾巩的文章淳朴平实，深切往复；王安石的文章锋利雄奇，绝少枝叶；苏轼的文章行云流水，随物赋形；苏辙的文章委曲明畅，尤长策论。他们的文学成就反映了唐宋时期的文化，也为今天的青少年学习中国古代传统文化提供了宝贵的借鉴。

在编写本书的过程中，我们期望能使多数读者朋友不至于同阅读史料一样，感到枯燥乏味，而是从围绕史实故事、趣闻以及议论中轻松地了解到“唐宋八大家”的生平阅历、艺术成就。

本套书选取八位大家一生中的典型事件，向读者介绍他们的生平事迹、人际交往、人品性情、处世之道、道德文章，以及生活中的趣闻轶事。读者朋友特别是青少年朋友在阅读中既可获得文史知识，又能受到人生启迪。

本套书在编写过程中虽然倾尽全力，但由于编者水平所限，难免会出现疏漏或错讹之处，恳请读者批评指正。本套书在编写过程中也参考了前人撰写的相关资料，对他们的辛苦付出也表示衷心的感谢！

编　者

2015年6月

目　录

目录

第一章　出生寒门

宋真宗景德四年（1007年）六月二十一日，北宋著名人物欧阳修出生在四川绵阳。

可是，长期以来，人们一直都把欧阳修当成了“江西吉安人”，根据是欧阳修在脍炙人口的《醉翁亭记》的末尾，有这样一句话：“太守谓谁？庐陵欧阳修也。”所以人们就把欧阳修当成了江西人。

其实，在欧阳修生活的那个年代，人们都非常重视孝道，重祖籍，轻出生地，所以欧阳修忽略了自己真正的出生地——绵阳。

欧阳修是我国古代著名的政治家、文学家，他的祖先是夏禹的后裔，传到越王勾践的五世孙——无疆的时候，楚国灭掉了越国。

无疆的儿子蹄被楚王封于乌程（今浙江湖州）欧馀山之阳，做了欧阳亭侯。于是，他的子孙便以“欧阳”为姓氏，此后一直开枝散叶，薪火相传。

在唐代，有一个非常有名的大书法家欧阳询，就是欧阳修的远祖，欧阳询的四世孙——欧阳琮在唐朝时候，担任过吉州

(原名庐陵，隋开皇年间改今名，位于今江西吉安）刺史。

再往下传，到了欧阳询的八世孙欧阳万的时候，其官职大大缩水，仅做了吉州安福令。从此以后，这一支便分散居住在吉州所属的庐陵、安福等地，号称“庐陵大族”。

后来，欧阳修的父亲欧阳观又从庐陵迁居到吉水白沙溪。宋仁宗至和二年（1055 年），吉水白沙溪划入永丰县。所以，这就是欧阳修称自己是“庐陵欧阳修”的原因，直到现在，依然有很多欧阳修的后代子孙一直居住在白沙溪乡。

欧阳修的家族虽然是庐陵大族，但是，到了欧阳修祖父和父亲这一代，家道已经衰落了。

他的祖父欧阳偃非常有文学才能，然而却没有取得功名。父亲欧阳观一生只做过几任州、县的推官、判官，都是辅佐性的僚属，一般只是八品小官。因此，欧阳修经常说自己“出身寒微”、“贫贱”，这并不是他的自谦，实际情况也确属如此。

欧阳观虽然是一个基层的小官，但他为官非常清廉，办事也特别谨慎细致，尤其是对那些草菅人命、率意断案、胡乱置人于死地的官吏非常痛恨。

欧阳修出生时，欧阳观正在四川成都北边的绵州（今四川绵阳）任军事推官，当时，他已经是五十六岁的老人了，但仍然官职低微，是一个负责处理官府文书的官吏，这份工作需要他经常熬夜，因为他认真负责，唯恐错判错杀、草菅人命，因此工作量非常大，总是加班也干不完。

欧阳观的工作非常累，但他的官位卑微，挣不来多少银子，所以欧阳家的日常生活十分俭省，但欧阳观又是一个非常爱面子的人，只要是家里来了客人，总会倾尽所有，热情款待，以至他死后，家里房无一间、地无一亩，生活非常凄惨。

欧阳修的母亲姓郑，是一位优雅的江南女子，郑氏家族源远流长，而且出过很多的名人，是当地的世家望族。然而，在她出生的时候，家道中落，仅仅剩下诗书相传。她在适婚年龄秉承父母之命嫁到了欧阳家。

这一桩依靠“父母之命、媒妁之言”成就的婚姻，实在不是一桩理想的婚配，因为是典型的老夫少妻，丈夫欧阳观比郑氏年长三十岁。

欧阳观性子非常倔强，四十九岁才中了进士。多年的科举不如意，再加上长期在衙门的底层沉沦，家境又不富有，还患有严重的眼疾，不能远视，仕途的不如意再加上身体的疾患，这一系列问题都深深地困扰着欧阳观，使得他的性格有几分古怪。

在欧阳观娶郑氏之前，他曾经有过妻室。但不知道是什么原因，欧阳观跟妻子彻底翻脸，他用一纸休书，将前妻逐出家门，并且连儿子也让前妻一并带走。

多年之后，欧阳观的儿子长大成人，千里寻父，勉强相认之后，欧阳观却将他当下人使唤，到死也没有和这个儿子和颜悦色地说过一句话，对前妻的怨恨使他迁怒于儿子，也许很多很多旧恨在他的心里从来就没有平息过。

欧阳观对待前妻之子的态度，在当时颇受世人非议。面对这样一位狠心的丈夫，初婚时的郑氏难免会有几分幽怨。不过，随着时间的流逝，郑氏也逐渐了解了自己的丈夫，她发现，欧阳观是一个非常好的人，他有一颗廉洁正直、乐善好施的心。

后来，郑氏生了一个儿子，就是日后享誉文坛的泰斗——欧阳修。欧阳修小的时候，父母非常重视对他的培养，他们夫妻将振兴欧阳家往日辉煌的全部希望都寄托在这个幼小的孩子身上。

欧阳修小的时候，在母亲郑氏的引导下，开始读书习字。郑夫人有着非常好的文化素养，她对于儿子的培养非常重视，十分注意从多方面培养儿子的文化兴趣，不只是辅导他学习蒙学教材，而且鼓励他多多诵读名篇佳作。

在当时，文坛盛行晚唐的诗风，文人学士们最喜欢读的，是晚唐诗人郑谷、周朴等人的诗作，以学晚唐诗风而著称的林逋、惠崇等当代隐士、僧人更是名噪一时，被称为“晚唐体”诗人。

他们的诗作虽然格调不高，但往往构思精巧，多有佳句，平易浅显，特别适合儿童诵习。受此时代风气的影响，欧阳修也在母亲的督促下，开始研究这些作品，其中有很多的佳句，如：“风暖鸟声碎，日高花影重”、“晓来山鸟闹，雨过杏花稀”，又如：“马放降来地，雕盘战后云”、“春生桂岭外，人在海门西”等，这些文字让欧阳修记忆深刻，对他以后的学习很有帮助。

但是，由于家境贫寒，郑氏没有钱为儿子买纸笔，有一次她看到屋前的池塘边长着荻草，突发奇想，用这些荻草秆在地上写字不是也很好吗？

于是她用荻草秆当笔，铺沙当纸，开始教欧阳修练字。欧阳修跟着母亲，在地上一笔一画地练习写字，反反复复地练，错了再写，直到写对写工整为止，一丝不苟。这就是后人传为佳话的“画荻教子”。

幼小的欧阳修在母亲的教育下，很快爱上了诗书，每天写读，积累越来越多，很小时就已能过目成诵。

为了让欧阳修能够学到更多的文学知识，郑氏还到处收集合适的学习资料。

有一次，她带着儿子去当地孔庙游玩，在孔庙里，她惊喜地发现，孔子庙堂的碑文竟是唐代书法大家虞世南的手迹！

从此以后，她就经常带着儿子来孔庙，母子俩在这块石碑前长久地盘桓，她让儿子心识默记，通过对古碑的观察来学习书法。

童年时这段特殊的经历，使年幼的欧阳修对古碑石刻产生了浓厚的兴趣，等到他长大成人后，不管到什么地方，都不会忘记留意金石，随手著录，终于成就了我国最早的一部金石学巨著——《集古录》（共一千卷，今存《集古录跋尾》十卷）。

在母亲的教育下，欧阳修好学不倦，进步很快，十岁时已能吟诗作赋。但欧阳修不满足已有的成绩，认为要成就一番功名，必须广见博闻，为此，十二岁时，欧阳修背起行囊，迈上了外出求师学习的历程。一天傍晚，欧阳修匆匆来到襄阳城下，看见城门已关，心里很是着急，抬头一看，城头有一个老兵把守，便拱手施礼道："烦请老伯开门，放学生进城好吗？"老兵本不愿破例开城门，但听出是个很懂礼貌的少年，顿生爱怜之心，说道："既是读书人，我出一联，对得出，放你进城；对不出，明晨再进。"老兵出上联："开关早关关迟放过客过关。"欧阳修略加思索，说："出对子容易，对对子难啊，请先生先对吧。"老兵有点恼怒，大声道："我是要你对的！"欧阳修笑道："学生已经对过了。"老兵一想恍然大悟，立即下城楼开城门。原来，欧阳修的下联是：出对易对对难请先生先对。

第二章　三试得第

欧阳修很小的时候就倾心韩愈的古文，然而，他的家境贫困，为了摆脱当前贫困的家境并且赡养家母，他必须要学习时文，进行科举考试。

欧阳修那个时代所说的“时文”，是当时很流行的一种文体，也就是我们今天所说的“骈文”，这是一种四六切对工整，讲究语言声律对称美的文体。

骈文最早出现于魏晋，在六朝的时候开始盛行，对我国文学的发展起过一定的积极作用。但是，发展到后来，流弊极大，作者往往忽略文章的思想内容，一味追求声律对偶，堆砌典故，玩弄辞藻，因而历来受到有识之士指斥。

在欧阳修生活的时代，时兴的骈文就是流行一时的“西昆体”，“西昆体”主要是由于《西昆酬唱集》而得名。

宋真宗景德、大中祥符年间，杨亿、刘筠、王钦若等人同在秘阁编修《册府元龟》，编书余暇，迭相唱和，并将这些诗歌编成《西昆酬唱集》。西昆，本指西方昆仑群玉之山，相传玉山策府为上古帝王藏书的场所，所以，人们经常会以“西昆”代称皇帝藏书的秘阁。

杨、刘、王等秘阁编修官雍容典雅的诗风，一时盛行朝野，人称“西昆体”，它扫荡了宋初卑微气弱的“五代体”，成为“取科第，擅名声，以夸荣当世”的“时文”。

宋仁宗天圣元年（1023年）秋天，这一年，欧阳修刚刚十六岁，他第一次参加随州的州试。

当时的州试，也叫做“乡试”，是宋代科举考试的第一轮筛选，考试内容有诗赋、经义、策论等。只有乡试合格通过之后，才有资格报送礼部，然后再参加省试。

这一年，随州州试的论试题为《左氏失之诬论》，要求考生论述左丘明《春秋左氏传》等史著记事的荒诞不实。

欧阳修自幼诵读《左传》，又素来不满意“左氏好奇”，所以这个题目对他来说可谓得心应手，文章一挥而就。其中的名句有：“石言于晋，神降于莘，外蛇斗而内蛇伤，新鬼大而故鬼小。”他在文章当中列举了《左传》鲁昭公八年，庄公十二年、十四年，以及文公二年的种种神异说法，批评左丘明选材的好奇和《左传》记事的虚妄。

文采斐然的欧阳修虽然文章一出，很快就传遍了四方，但是，他这次应试最后还是没有被选中，原因就在于他的赋试文个别韵脚没有按照规定的官韵来作。

欧阳修虽然落榜，但他并没有丧失信心，而是继续闭门苦读，研习文章。又过了三年，在天圣四年（1026 年）秋天，欧阳修非常顺利地通过了随州的州试，取得了赴京师参加礼部考试的资格。

然而，就在次年春天，他在礼部考试中再次失利，再尝苦酒。

考试连续不中，这让欧阳修认识到自己在“时文”方面的差距，于是，他开始寻求良师的指导。他最终选择了西昆名家、汉阳（今湖北汉阳）知军胥偃做自己的导师。

天圣六年（1028 年），欧阳修带着自己所写的三部诗文稿，并精心撰写骈文《上胥学士启》，亲自登门拜谒求教。

胥偃读过欧阳修的书信后，对他的文采赞不绝口，断言此人必将“有名于世”。他将欧阳修留置门下，悉心指点“时文”的写作诀窍。

同年冬天，胥偃调回京师任职。他带着欧阳修泛舟长江，顺流东下，然后转运河北上，抵达汴京。

在京师，他带着欧阳修开始访师问友，结交社会名流，并且带他参加各种文人的聚会，让很多学者、师友都认识了欧阳修。由于欧阳修文采出众，他很快就在京师声名鹊起，很多人都希望能够结识他。

天圣七年（1029 年）春天，由胥偃保举，欧阳修参加了国子监的入学考试。国子监是北宋朝廷的最高学府，专门招收七品以上的官僚子弟入学。

欧阳修没有辜负恩师的精心指教，在这次考试中一举夺魁，被补为广文馆生。广文馆是国子监下属的学校之一，专为应试举人讲习进士课程，预备参加国子监解试。从这个时候开始，欧阳修进入了科举的快车道，同年秋天，在国子监“取解试”中，欧阳修又一次取得了第一名的好成绩，而且，还获得了参加次年礼部试的资格。

天圣八年（1030 年）正月，欧阳修经过精心的准备，再次参加礼部的考试。当时的主考官是著名文学家晏殊，这年的赋试题目是《司空掌舆地图赋》。

按照考场的规则，考生如果对考题有疑问，可以请问主考官。在这次考试当中，先后有不少考生上前去请示题意，都不得要领，晏殊很不满意。最后，欧阳修来到晏殊的座前，指出考题出自《周礼》郑玄注，但是周朝司空与汉朝司空职责不尽相同，请示如何下笔。

晏殊凝视着这位身体瘦弱、目光却很坚毅的年轻人，不住地颔首微笑，说道：“这些考生当中，只有你真正审清了题目，考题所指的正是汉代司空。”

在这次礼部试中，欧阳修的聪明才智得到了发挥，他又一次获得了第一名。

三月十一日，仁宗皇帝亲临崇政殿，主持当时非常有名的礼部奏名进士“殿试”，殿试题目是《藏珠于渊赋》、《博爱无私诗》和《儒者可与守成论》等。

从《欧阳文忠公集》保存的殿试赋篇来看，它突破了一般御试律赋的体制，不只是追求形式合格、内容切题，更不是立意于歌颂天子圣贤，而是发表时论，寄托深义，揭露时弊，抨击朝政。欧阳修正直刚烈的性格，在他的文章中已经有所体现。

也许正是由于他过于耿直的性格，没有写出迎合主流的文章，欧阳修在这次殿试当中并没有能够继续夺魁，只被录取为甲科第十四名进士。

欧阳修通过当时的“时文”，很快就取得了进士，同时也被授官将仕郎、试秘书省校书郎、充西京留守推官。

通过科举，欧阳修终于走上了仕途，虽然充西京留守推官只是一个很小的官职，但是对于一个长期生活贫困的年轻人来说，这已经足够了。“贪禄仕以养亲”（《与荆南乐秀才书》）的后顾之忧已经解决，现在，他可以静下心来去研究他热爱的韩愈古文了。

在这些年当中，欧阳修在考试当中认识了很多朋友，有苏舜钦、穆修等人。

苏舜钦，字子美，为人慷慨胸怀大志，精于诗文和书法，他不顾世人嘲笑与非议，坚持创作古体诗歌杂文。穆修，字伯长，为人耿直，恃才傲物，抨击“西昆体”时文，倡导韩愈、柳宗元古文传统。

对于苏、穆等人不顾流俗，甘守贫穷，坚定不移地创作古

诗古文，欧阳修表示出由衷的敬佩。他决心抛弃自己科举时候用过的“敲门砖”——四六体时文，专心研究韩愈的古文。

正如欧阳修后来在《答陕西安抚使范龙图辞辟命书》中所说的：“今世人所谓四六者，非修所好。少为进士时，不免作之。自及第，遂弃不复作。”

在他研习古文的这段时间里，欧阳修的文学创作有了很大的提升，进入到新的发展阶段。

第三章 贤母教导

欧阳修的父亲欧阳观去世以后，欧阳家的处境是“无一瓦之覆，一垄之植”，几乎陷入到赤贫的地步。孤儿寡母实在无法生存，郑氏就带一双儿女来到随州，投奔欧阳修的叔叔欧阳晔。

在叔叔欧阳晔的帮助下，欧阳修和母亲总算安稳下来。郑氏勤俭持家，“自力于衣食”，身处忧患之中，而“言笑自若”，这种不怨天、不尤人、倔强奋发、善处逆境的精神，给少年欧阳修带来了非常好的影响，为他后来的人格形成作了很好的准备，这段人生的逆境，也成为欧阳修一生当中最宝贵的精神财富。

少年时代的欧阳修非常聪明，很早就显露出卓异的资质，“自幼所作诗赋文字，下笔已如成人”（欧阳发等《先公事迹》）。他的叔叔欧阳晔非常赏识这个侄儿，每次读过他的文章，总是无比欣慰地对郑氏夫人说：“嫂嫂不必因家贫子幼而忧虑，这孩子不同一般，将来不仅能振兴光大我欧阳氏门庭，而且必定会名重当世。”

看到儿子这样聪明，并且非常努力勤奋，郑氏夫人倍感欣慰。在这个时候，她也不忘在人格上给儿子正确的陶冶与训导，经常跟他讲述父亲欧阳观当年以至仁之心办理刑狱案件的故事。

她对儿子说："侍养父母，由于经济条件的限制，或许不能给父母足够丰裕的生活，但关键是要有虔诚的孝顺之心；为百姓谋利益，由于客观条件的限制，或许不能普及于众人，关键是要有深厚的仁爱之心。"

欧阳修的叔父欧阳晔"为人严明方质，尤以洁廉自持"（《尚书都官员外郎欧阳公墓志铭》），不畏权势，不循私利，临事明辨，长于决断，有良吏之称。郑氏夫人对他十分敬重，经常鼓励欧阳修读书之余要多向叔父请教。

她常常对儿子说："你想了解你的父亲吗？看看叔父就知道了，他的言谈举止、行为风范和你父亲当年一样。"

父亲的遗训，母亲的教导，叔父的以身作则，这些来自长辈的教育，都在欧阳修幼小的心灵当中留下了深刻的印象，在以后四十多年的从政生涯中，他始终身体力行，实践着自己从童年时代就树立的人生理想。

欧阳修的人格塑造，主要来自母亲的言传身教，母亲郑氏夫人"恭俭仁爱而有礼"的性格对欧阳修产生了深远的影响。

第四章 博览群书

随着年龄的增长，欧阳修博览群书，知识面也越来越广。

小时候，由于欧阳修的家境贫寒，买不起书，所以家中没有任何藏书。但是，他又是一个立志于学的人，所以只能到乡邻的读书人家去借书来读。

如果能够借到一本好书，欧阳修就会如获至宝，马上铺开纸笔，用蝇头小楷悉心抄录，往往是抄录未毕，书中精彩片段都已能倒背如流了。

正是因为读书入迷，废寝忘食，这为他打下了非常坚实的文学功底。广泛的阅读让欧阳修有了很好的文学素养，同时也具备了良好的艺术感悟力和鉴赏力。

当时，随州城南有一个大户人家姓李，这个李家家道殷实，藏书非常多。李家的儿子李尧辅十分好学，是欧阳修少年时期的好友。

他们经常在一块读书，一起在李家东园的花草树木之间流连。欧阳修十岁那年，有一天，他们在李家大屋里捉迷藏，他偶然在一堵夹壁间里发现了一个盛满旧书的破竹筐，几个孩子出于好奇，七手八脚地将筐子抬出来，争先恐后地翻找着自己喜欢的书籍。

其中有一本残破的《昌黎先生文集》引起了欧阳修的注意，虽然此时他已读过不少书，可“昌黎先生”这个名字却还没有听说过。

怀着强烈的求知欲和好奇心，他向李家伯伯求得了这本只剩下六卷而且“脱落颠倒无次序”（《记旧本韩文后》）的旧书，回到家里迫不及待地闭门攻读。

尽管他的年纪幼小，还不能完全理解韩愈文章内涵的丰富和深刻，但已能体会到他语言的深厚雄劲和境界的开阔博大，他被深深地吸引住了。他将此六卷文稿珍藏了起来，只要有时间就拿出来阅读，并且把书中的很多段落都背诵下来。

幼年的欧阳修并没有想到，这一偶然的经历，会让他在日后成为韩愈的忠实追随者，成为北宋时期古文运动的领袖和倡导者。

第五章 名冠天下

欧阳修并不仅仅是一位文学家，同时还是一位政治家。他目光敏锐，能够大胆直谏，议论时政弊端，这一点，在他的散文当中也多有体现。

明道元年（1032年），宰相吕夷简为修葺皇宫，下令各地供给建材，把洛阳茂密的竹林砍伐一空，而砍下的竹子又堆积在那里，成为朽蠹的废物。

为此，欧阳修写了篇《戕竹记》，对吕夷简这种暴殄天物的罪行进行谴责，最后以“竹事犹末”四字，暗示出这件事对于劣迹斑斑的吕夷简来说，不过是一桩微末小事罢了。

《非非堂记》则提出了“不幸而过，宁讪无谄”的主张，就是说宁肯否定错误过火，哪怕是近于诽谤、讥讽，但也不要肯定那些阿谀逢迎。

欧阳修用“非非”作为堂名，实际上就是要否定错误，除弊纳谏。这对当时社会上的不正之风起到了非常好的警示作用。

这里要特别提到的是《上范司谏书》，范司谏指的就是范仲淹。范仲淹，字希文，是苏州吴县人。二岁而孤，他也是靠母亲抚养长大的。范仲淹少年有大节，对富贵、贫贱、毁誉、欢戚毫不动心，他的名言是“士当先天下之忧而忧，后天下之乐而乐”，他是宋初有名的政治改革家，在古文写作上也有一定成就，是宋代诗文革新运动的积极参与者。

欧阳修前期曾与范仲淹有过一段同舟共济、休戚相关的经历，他们对风靡一时的“西昆体”发表过意见一致的见解，但是，欧阳修在写这封信的时候，他们还没有见过面呢。

明道二年（1033 年）三月，章献太后病逝，仁宗亲政。这个时候，朝廷中政治改革的浪潮正在酝酿之中。

政治改革的前兆，就是范仲淹由陈州通判被召入京城，担任了右司谏的官职。

上任两个月的时间内，一直未见范仲淹有什么建树。于是，欧阳修出于对范仲淹的钦仰和信任，提笔写了这封信。

信的一开头就非常明了地提出：“司谏，七品官尔。”七品也就是我们常说的“七品芝麻官”，对于这样一个官职，对于范仲淹来说，“得之，不为喜”。不过，“谏官者，天下之得失，一时之公议系焉”，因此必须是“学古怀道者，才能胜任，谏官虽卑，与宰相等”。

何以这么说呢？他认为，天子曰不可，宰相曰可，天子曰然，宰相曰不然：“坐予庙堂之上与天子相可否者，宰相也。天子曰是，谏官曰非；天子曰必行，谏官曰必不可行。立殿陛之前与天子争是非者，谏官也。”

宰相与谏官的区别，在于一尊一卑，一个“行其道”，一个“行其言”，而“言”与“道”又是相辅相成的。

接着，欧阳修笔锋一转，又说了他和洛阳士大夫们对范仲淹所寄予的希望：“他日闻有立于天子陛下，直辞正色、面争廷论者，非他人，必范君也。”然后，又流露出他对范仲淹任职以来一直保持缄默的不满和疑虑：“拜命以来，翘首企足，伫乎有闻而卒未也。窃惑之：岂洛之士大夫能料于前，而不能料于后也，将执事有待而为也？”

然后，他援引唐德宗谏议大夫阳城的故事，对“有待而为”发表了自己的看法，力促范仲淹赶紧有所作为：“以塞重望”：

今之居官者率三岁而一迁，或一二岁，甚者，半岁而迁也，此又非一可以待乎七年也。……夫布衣韦带之士，穷居革茅，坐诵书史，常恨不见用。及用也，又曰彼非我职，不敢言，或曰我位犹卑，不得言矣，又曰我有待。是终无一人言也，可不惜哉！

这篇文章非常好地体现了欧阳修的政治主张和他的那股要求革新政治的紧迫感和使命感。

就文章而论，欧阳修写得义正词婉，欲擒故纵，转折灵动，跌宕多姿，不愧为宋代政论文的名作。

在欧阳修调任西京推官的这段时间里，他“始从尹洙游，为古文，议论当世事，迭相师友；与梅尧臣游，为歌诗相倡和，遂以文章名冠天下”（《宋史》本传），从此奠定了他在当时文坛中的地位。

第六章　西京履任

天圣八年（1030 年）五月，欧阳修被任命为西京留守推官。然而，他并没有马上就去赴任，而是选择继续留在京师。

这一年，是欧阳修学有所成、入仕荣亲的时候，他先是派人到随州，把寡母接到京师来一起生活，他还作了带着母亲一同前往西京洛阳赴任的准备。

母亲郑氏夫人的到来，很快就让欧阳修与老师胥偃的二女儿胥氏的婚姻有了眉目。

妻子胥氏就是他恩师胥偃的二女儿，欧阳修的岳父胥偃，就是当年一直提拔他的恩师，当年，胥偃对这个家境贫寒的年轻人倾注了大量的心血，后来他看到欧阳修的人品和才华都非常好，于是就把自己的女儿嫁给了欧阳修。

天圣九年（1031 年）初春，欧阳修娶了妻子，胥氏是欧阳修一生中的第一个妻子，这一年的三月，正是春风浩荡、万物荣发的季节，新婚的欧阳修侍母携妻，来到西京洛阳履任。

当时，欧阳修二十四岁，而胥氏只有十五岁，夫妻年龄相差近十岁，但他们的感情非常好，胥氏出身名门，能识文断字，而且还能勤俭持家，侍奉婆母。

后来，胥氏去世之后，欧阳修的门生徐无党在其所写的《胥氏夫人墓志铭》中称赞道："胥氏女既贤，又习安其所见，故去父母而归其夫，不知其家之贫；去其姆傅而事其姑，不知为妇之劳。"透过这篇墓志铭，我们能够看出，欧阳修对这位胥氏夫人是相当感激的，直到胥氏去世多年以后，欧阳修还在《绿竹堂独饮》诗、《述梦赋》等文章中寄托对亡妻的怀念之情。不过，这些都是以后的事情了。

对于当时的欧阳修来说，"洞房花烛夜，金榜题名时"这是人生当中的两件大事。欧阳修这个很小就失去了父亲的人，终于等到了生命的春天。

欧阳修幼时丧父，他对父亲的印象十分模糊。但他多年以来一直与母亲相依为命，长年受到母亲的抚育与教养，因此欧阳修事母至孝，母子情深。就连他在进士及第之后写的谢表中，也提到母亲两鬓斑白，操劳艰辛，十分感激她。

西京洛阳，本来是京西北路的河南府，洛阳原是梁、晋旧都，北宋时为西京留守，驻军以待皇帝出巡。北宋时河南府洛阳郡是一个繁华的都市，下属十六个县，有十二万余户，二十三万余人，商业、农业和手工业都比较发达。

作为西京的洛阳，不仅商贾繁荣，而且还是一个人文荟萃之所，名胜古迹甚多，园林幽美，龙门夹伊水对峙，很能诱发士人思古之幽情。

更重要的是，洛阳在当时是北宋仅次于京师的文化中心，经常会有很多的文人雅士相聚，相互酬唱，能够影响整个国家的文学发展。

这一年，欧阳修还给一位与他同时应考却落第而归的方希则写了一篇序。原来方希则有才有识，但有才无运，参试不

第，黯然回乡。在《送方希则序》中，欧阳修记述了与方希则交往的经过：

会天子方向儒学，招徕俊良，开贤科，命乡举，而四方之杰赍贡函诣公车者，十百千数。余虽后进晚出，而掎裳摩趺攘臂以游其间，交者固已多矣。晚方得君，倾盖道途，一笑相乐，形忘乎外，心照乎内，虽濠梁之游不若是也。未几，君召试中台，以枉于有司，夺席见罢。搢绅议者咸伤冤之，居方澹乎冲襟，竟于使人不能窥也。后数日，赍装具舟，泛然东下。

这种风度胸襟，欧阳修称之为“达人之节”、“大方之家”。方希则的命运结局给刚入仕途的欧阳修提了一个醒：仕

途顺逆，并非仅以文才品德而已。序文中潜伏了一个阴影，或者一个预兆：此后欧阳修在仕途中不断受攻讦、污蔑、陷害，这并非他自身的缺陷，更主要的是仕途的险恶。所以，《送方希则序》表明，这个刚踏入仕途的年轻人，他的头脑还算是清醒的。他就这样怀着一种对前途的未知，到西京洛阳赴任去了。

第七章 文人唱和

当时西京的长官是宋初非常著名的诗人钱惟演（962—1034年），此人也是洛阳文人的领军人物。

钱惟演字希圣，是吴越王钱弘俶的儿子。钱弘俶生于杭州，是吴越国开国国君钱谬的孙子。

钱谬割据两浙时，于境内保国安民，对外则奉中原王朝为正统所在，殷勤有加，所以没有遭到刀兵和战火的荼毒。经过一段时间的发展，吴越国国泰民安，经济繁荣。

公元947年，钱弘俶继承吴越国王位，继承了祖先留下的繁荣，也继承了祖先留下的遗训，对中原诸王朝贡奉之勤，海内罕有其匹。

赵匡胤建立北宋后，面对宋朝统一全国的政治攻势，为保一方平安，钱弘俶更是倾国所有以示忠心。

974年，赵匡胤讨伐南唐，矛头直逼江南。钱弘俶拒绝了南唐后主李煜的求援建议，出兵助宋灭南唐。

南唐亡国后，吴越国唇亡齿寒，太平兴国三年（978年）一月，钱弘俶祭拜钱谬陵庙，在祖庙内失声痛哭。

钱弘俶辞别祖庙之后，立即启程北上，到开封纳士献地，客死异乡，钱弘俶死后葬于洛阳之北的邙山。

钱弘俶偏安江南，一生爱好文辞，他的儿子们也都喜好文学。钱弘俶归宋之后，他的几个儿子也都得到了封赏。

钱惟演是吴越王钱弘俶的儿子，他博学能文，喜好清丽华藻的诗赋，随父归宋之后得到了朝廷的厚待，在真宗时，曾经在中央政府任太仆少卿、直秘阁，并参与修撰大型工具书《册府元龟》。

当时，杨亿、刘筠等人同时入馆阁，都喜欢华丽典雅的诗赋，他们一起酬唱，竟然成为了当时文坛最有势力的流派。后来杨亿把这些酬唱编成《西昆酬唱集》，收入十多位诗人的作品。以此为基础，北宋文学史也就有了西昆体。

天圣九年（1031 年）正月，钱惟演当上了河南府知府，同时还兼西京洛阳留守长官。

钱惟演是龙子凤孙，又是西昆体的创始人之一，所以在他身边聚集了很多喜欢享受、喜欢文辞的同道中人，也有很多文学审美趣味相同的人成了他的幕僚，他们经常在一起举办各种活动，在一起优游山水、酬唱相和。

钱惟演虽然是西昆体创始人之一，但他的胸怀还是比较宽的，对于很多非西昆体的诗人，他也肯于接纳，所以在他周围，团结了一批文士。欧阳修来到西京后，他很快就融入了这个其乐融融的文学大家庭，在这种相处融洽、酬唱相和的创作环境之中，欧阳修结识了一大批朋友。

三年后，钱惟演调任崇信军节度使，离开西京时，欧阳修写有《上随州钱相公启》，回顾钱惟演主持西京时的政绩文事：

相公坐于雅俗，镇以无为，民丰四辅之年，市息三丸之盗。行郊憩树，绝无两造之辞；托乘载宾，惟奉百金之宴。而况西河幕府，最盛于文章；南国兰台，莫非乎英俊……偶造习家，或忘归而终日。但觉从军之乐，岂知为吏之劳。

在浓郁的文学氛围中，欧阳修已感觉不到初为吏属的辛劳了，所以钱惟演走时，“徒有恋轩之心，未知报恩之所”的感受，也不止是欧阳修一个人所有的。

欧阳修在洛阳除了有一个很好的上司之外，他还认识了不少朋友，这些人当中，有梅尧臣、尹洙、苏舜钦、王复、杨愈、张先等人。这些人，在后来的北宋文坛上，都有着非常重要的影响。

在洛阳三年里，欧阳修担任的推官是一个管理文案的小吏，事务不多，他的空闲时间自然比较多，因此，说起来他日常只有三件事要办：交友、习文、游乐，在这段日子里，他结识了梅尧臣。

诗人梅尧臣比欧阳修年长五岁，当时他在河南府任主簿。梅尧臣的一生主要致力于诗歌创作，他对顶头上司钱惟演推崇的“西昆体”很是不满，他主张诗风沉实，非常注意发扬诗歌“兴、观、群、怨”的传统。他的诗歌风格，对欧阳修有非常大的影响。

梅尧臣身材高大，浓眉大眼，红额，好饮酒，善美食，尤喜食鲫鱼。家中老婢尤会烹鱼，欧阳修等人要吃鱼，一定提着鲫鱼到梅家整治，然后一起大嚼。

梅尧臣寝食游观，未尝不吟咏。如果想到一句好诗，他就会写在小纸片上，放入口袋中，之后再完成。梅尧臣在生活上非常讲究享受，在创作上非常勤奋，他对初入官场的欧阳修有非常大的影响。欧阳修的诗歌，大部分都是按照梅尧臣平淡而朴实的方式来写的。

梅尧臣的诗与欧阳修的文，是北宋文坛上两颗耀眼的双子星座，同时他们也是北宋时期诗文改革运动的先行者。

欧阳修与梅尧臣终生为友，欧阳修曾推荐他当国子监直讲，一道参与修撰《唐书》。梅尧臣死后，欧阳修为他写墓志铭，伤感至极。

欧阳修从小就推崇古文，科举之后，他的文章渐渐从四六骈体转向了散文体，这其中，最为重要的影响就是来自尹洙。

尹洙是洛阳人，性格非常古怪，对于散文写作却很用功，常与欧阳修讨论。据宋人邵伯温《邵氏闻见录》记载：钱惟演新建一座双桂楼，请欧阳修、尹洙都写一篇记。

两个人同作一篇《双桂楼记》，欧阳修与尹洙双雄竞技，互相促进，使古文写作都上了新的台阶。

欧阳修与梅尧臣、尹洙等人经常结伴游山玩水，他的文学品鉴思想也有了非常大的变化。

欧阳修在洛阳的时候，还认识了一位对他的诗歌创作非常有影响的人物，这个人就是与梅尧臣齐名的苏舜钦。

苏舜钦是绵州盐泉（今四川绵阳）人，当时以父荫补官，在西京做小吏。

苏舜钦美貌魁伟，性格豪爽，诗风豪健，内容常涉及朝政，申述壮志。不过，他的仕途坎坷，一生不得志，仅仅活了四十一岁。

欧阳修在洛阳认识的朋友中，后来有官至宰相的富弼，同时还有一些与他政见相左的同僚士人，不过，在洛阳的日子，大家因文相聚，相处非常融洽。

第八章　改革文风

欧阳修一直在试图改革文风，这并非是一个人得天下之先，而是有深刻的社会背景和文学背景的。

宋仁宗赵祯是一个守成的君王，性格非常懦弱，他能接受臣下的意见，在生活上也比较节俭。

《宋史·仁宗纪》说他“燕私常服浣濯，帷帟衾裯，多用缯绝。宫中夜饥，思膳烧羊，戒勿宣索，恐膳夫自此戕贼物命，以备不时之须”。

因为性格较务实，在朝廷文字风格上，他也对华丽典雅的四六骈文有了戒心。

天圣七年（1029 年）五月，他曾下诏戒文弊。1030 年，吕夷简献上新修国史，得到他的肯定，其文用的就是散文体。

六月，赵祯还亲自考察书判拔萃科，特别是明道二年（1033 年），皇太后死后，赵祯亲政，他把原来宰相、枢密使等重臣都撤换，社会风气逐渐转向务实。

欧阳修在《苏氏文集序》中，概括了这种自上而下的文风转变：“天子患时文之弊，下诏书讽勉学者以近古，由是其风渐息，而学者稍趋于古焉。”

在大一统的封建专制制度下，最高统治者的意志自然对文坛的走向起着决定性的作用。宋仁宗以非常务实的精神，又以君临天下的强势推导文坛远离奢靡之风，这是北宋古文复苏的重要背景。

在这场古文复苏的运动当中，欧阳修起到了中流砥柱的作用，回顾当年在洛阳时，与他一同唱和的文人，虽然每个人的命运都不尽相同，有沉有浮，不过，他们每个人都非常赞同古文的推行，并且在这场由奢靡的四六骈体转为散文体的古文运动中起到了重要的作用，相互之间也结下了深厚的友谊。

第九章 政坛纷争

景祐元年（1034年）六月，经过枢密使同平章事王曙的大力推荐，欧阳修很快在京师参加了学士院的考试，并且成功通过，授宣德郎、试大理评事、兼监察御史、充镇南军节度掌书记、馆阁校勘，参与编纂《崇文总目》。

《崇文总目》是我国古代时期目录学非常重要的著作，它著录北宋宫廷藏书的书目。

北宋宫廷藏书承袭唐制，有史馆、昭文馆、集贤院，号称“三馆”。太平兴国年间修建崇文院，分藏“三馆”书籍。后因藏书日益增多，又在崇文院中堂修建秘阁，仍与“三馆”合称崇文院。

多年来，崇文院藏书谬滥相杂，为了甄别、整理这些藏书，仁宗在当年闰六月下令仿照唐朝《开元四部录》体例，分类编纂书目。整个工程历时八年，先后有众多的知名学者参与这项工作，欧阳修是主要编纂者之一。全书共分四十五类目，其中三十类目的叙释文字，都是由欧阳修所写。

景祐二年（1035年）秋天，欧阳修结识了以刁钻古怪手书而闻名的石介。

石介，字守道，兖州奉符（今山东泰安）人。天圣年间与欧阳修同榜进士及第，时任南京（今河南商丘）留守推官。

欧阳修很早就听说石介的书法非常古怪，而石介此举目的则是为了标新立异，表现出自己的与众不同。欧阳修对此非常反感，他认为，正人君子、仁人志士主要是在正常的社会环境里，像普通人那样生活，为人为学应该实事求是，根本不需要通过标新立异来显示其才识，不能违情抗俗以标榜其德行，否则，便有以“怪”取名、求为人知之嫌。

同时，欧阳修还联想到了石介的文学创作，石介虽然也推崇儒学，倡导韩柳古文，反对佛教，反对西昆体，这些相同的观点也得到了欧阳修的赞许。但是，欧阳修发现，在这些看似正确的观点背后，隐藏着他的狂妄自大和自以为是，并且他过激的言辞和偏执的态度都是不可取的，而且他对西昆体的流弊也存在着矫枉过正之弊，往往是从一个极端走向了另外一个极端，最后导致了文章出现“重道轻文”的流弊。

鉴于此，欧阳修非常认真地给石介写了两封信，在《与石介推官第一书》中，他批评石介文章“自许太高，诋时太过”，又指责他的书法“好异以取高”、“昂然自异，以惊世人”。

性格刚烈、桀骜不驯的石介，接受不了欧阳修这种尖锐批评，他回信自辩，出语伤人。欧阳修在《与石介推官第二书》中仍坚持自己的观点，并且不断地劝导教诲，希望可以进行朋友之间的相互切磋。双方你来我往，争得好不热闹，最后竟成为了好友。

景祐三年（1036 年）春末，朝廷中一场酝酿多年的斗争终于爆发。早在明道二年（1033 年），围绕郭皇后废留的问题，朝臣之间就已经有了很大的冲突，一边是以吕夷简为头领的守旧派，另外一边主要是以范仲淹为代表的革新派。

围绕着在政治观点上的冲突，双方都在斗争中各自集结力量，蓄势待发。

范仲淹为人非常注重名节，可以说是宋初著名的政治改革家。三年前，范仲淹由陈州通判被召回京师任右司谏，欧阳修撰写著名的《上范司谏书》，就对他热情鼓励并言辞恳切，希望他发挥谏官之责。

后来，范仲淹因为反对废黜郭皇后被赶出朝堂，之后又回到京师，拜礼部员外郎，年底升任权知开封府。

吕夷简自仁宗即位、刘太后摄政以来，一直都是宰相。很多名利之徒都纷纷奔走门下，钻营贿赂，买官鬻爵，这让范仲淹非常的不满。范仲淹觉得，任用官吏不可以只由宰相一个人来做主，官吏升迁还是要循章办事，亲近大臣的进退升降，应由皇帝自己来掌握。

他向仁宗奏呈一张“百官图”，指着图向仁宗解释说，哪些人是循序升迁，哪些人是越级提拔，哪些人是公平升任，哪些人是徇私提升。

吕夷简闻讯后十分恼火。后来，双方又在迁都问题上发生争议，吕夷简诋毁范仲淹“迂阔，务名无实”，针对范氏“帝王好尚”、“选贤任能”、“近名”、“推委”四篇奏论，吕夷简又指控范仲淹“越职言事，荐引朋党，离间君臣”。

结果，范仲淹于五月九日被贬饶州（今江西鄱阳）。朝廷还特别张榜，告诫文武百官不要私自结为朋党，不得做越职之事。

秘书丞、集贤校理余靖上书替范仲淹辩护，请求仁宗收回

成命，宽容范仲淹。十五日，余靖被免职，贬为筠州（今江西高安）监酒税。

太子中允、馆阁校勘尹洙不服气，于是就上疏仁宗说：范仲淹为人“直谅不回”，余靖与范氏关系一般，尚以“朋党”受到牵连，自己与范氏“义兼师友”，更应该“从坐”，不可以侥幸苟免。

这一纸直言上疏的言论，如同火上浇油，令当权者大为光火。十七日，尹洙也被罢黜，最终被贬郢州（今湖北钟祥）。

这时候，可以为范仲淹等人说话讲情的人，只有朝中谏官了。然而，谏官、御史们都缄口不言。

右司谏高若讷，非但不能以言官的身份秉公直言，反而随声附和，诋毁范仲淹的为人，认为范氏急于进用，论事狂直，理应废黜。

欧阳修听到这些言论之后非常气愤，他挥笔写下著名的《与高司谏书》，书信舒缓迂回，从十四年前开始写起，从闻名到见面，徐徐回顾对高若讷思想品质的认识过程。

欧阳修“发于极愤而切责之”道：“范仲淹果真不贤吗？那么，你高若讷身为谏官，在他被提拔使用的时候，为什么不辨其不贤，现在他遭贬了，你怎么能在背后说风凉话呢？假如是贤才，那么，今日皇上与宰相以莫须有的罪名逐赶他，你就有责任站出来为范仲淹说话。”也即，范仲淹不管贤与不贤，你高若讷都难逃其咎，像这种“不复知人间有羞耻事”，“在其位而不言”的谏官，就应该滚蛋。

高若讷读信后暴跳如雷，于是把书信上交仁宗，而且还故意挑拨说：“恐中外闻之，谓天子以廷意逐贤人，所损不细。”指责欧阳修攻击天子，仁宗最终以“妄形书牍，移责谏臣，恣陈讪上之言，显露朋奸之迹”的罪名，将欧阳修贬为夷陵（今湖北宜昌）县令。

获悉欧阳修贬官后，梅尧臣、苏舜钦、石介等人都为他写诗，并且安慰他。馆阁校勘蔡襄也为他鸣不平，创作了《四贤一不肖诗》，歌颂范仲淹、余靖、尹洙、欧阳修“四贤”，批评高若讷“不肖”之徒。

诗歌写成后，京城人士争相传诵，甚至远传到契丹境内，契丹人把这些诗歌抄写下来，张贴在幽州（今北京）接待宋朝使者的宾馆里，由此可见当时北宋的文学对少数民族的深远影响。

第十章　被贬夷陵

景祐三年（1036）五月，欧阳修接到了被贬为夷陵令的制诰，虽然他的内心非常不服，但作为朝廷有罪的官员，只得离开京师，携家带口，奔赴夷陵。

欧阳修离开了繁华的京师，被贬到了非常偏僻的夷陵，而在这次贬谪当中，欧阳修并不担心自己，而是放心不下老母亲。

万万没想到，母亲郑氏十分理解儿子的选择，并支持儿子坚持自己的正直观点，并且郑氏早已有了过患难日子的思想准备。她平日持家，勤俭节约，即使家境改善了，仍然克勤克俭。

她说："我儿子性格刚直，不能苟合世俗，说不定哪天就会患难临头。节俭持家，就是准备将来过苦难日子。"所以，当欧阳修被贬到夷陵的消息传来，郑氏老夫人仍然谈笑自若，她竟然安慰起儿子来："你欧阳家门本来就贫穷，我早就习惯了过这种苦日子。放心吧，只要你受得了，我也一定受得了。"有了母亲的大力支持，欧阳修遂不以遭到贬谪为苦了。

夷陵非常偏远，距离京师大约有一千六百里，如果走水路的话，则需绕行五千五百九十余里。欧阳修本来想从陆路行走，然而，当时正好是酷暑，又无马匹车辆，只得作罢。

旅途漫长而又艰辛，好在随处都有故友相送，同时，还经常有慕名而来的士子登舟求教，梅尧臣、苏舜钦、石介、谢绛等都有诗书寄来，慰其远行之苦。

梅尧臣诗曰：

昔在西都日，居常慷慨言。
今婴明主怒，直雪谏臣冤。
谪向蛮荆地，行当雾雨繁。
黄牛三峡近，切莫听愁猿。

对于欧阳修的表现，梅尧臣一点也不感到意外。他知道，早在初入仕途之际，欧阳修就已经立下了舍身报国的崇高志向。但他此时担心的是刚者易折，不知友人是否能经受住逆境的考验？因此，他殷切地告诫朋友，在凄风苦雨的贬谪生涯中，一定不要在穷愁悲抑中无法自拔，要振作起来。

实际上，梅尧臣担心的事情，也是欧阳修在贬谪以后不断思考的问题，即在逆境之中应该如何自处？前辈文人似乎没有多少值得借鉴的榜样，即便是欧阳修最为景仰的唐代文学家韩愈，平时正色立朝，抗疏极谏，颇有杀身成仁的气概，然而一经贬谪，则忧愁无聊尽现于诗词。这个时候，欧阳修暗下决心，一定要超越前人，善处逆境，对贫贱悲戚以平常心处之，将贬谪作为砥砺节操、升华自我人格境界的一个契机。

六月十二日，欧阳修抵达楚州。在这里，他正好遇上比他先期被贬的余靖，此时余靖也泊舟在岸边，两人相见不禁又惊又喜，连忙移舟相见，置酒长谈。

欧阳修将自己连日来的思考与余靖交流，余靖听了也非常赞同他的观点。在《与尹师鲁第一书》中欧阳修写道：

安道（余靖）与予在楚州，谈祸福事甚详，安道亦以为然……又常与安道言，每见前世有名人，当论事时，感激不避诛死，真若知义者。及到贬所，则戚戚怨嗟，有不堪之穷愁形于文字，其心欢戚无异庸人，虽韩文公不免此累。用此诫安道慎勿作戚戚之文。

鉴于近世有的人因言事被贬之后，往往傲逸狂醉，却自我标榜说为大事者不拘小节，欧阳修与余靖约定，到达贬所后，一定要忠于职守，勤于公务，绝不酗酒放纵，散漫度日。

既然心念已定了，欧阳修的心情遂为之一振，他干脆把这漫漫的迁谪之旅当作是非常难得的长途旅游了，每天从容淡定，闲坐船头，欣赏那变化无穷的江上美景，写诗自娱：

孤舟日日去无穷，行色苍茫杳霭中。
山浦转帆迷向背，夜江看斗辨西东。
滮田渐下云间雁，霜日初丹水上枫。
莼菜鲈鱼方有味，远来犹喜及秋风。

在九月的时候，欧阳修一家来到了岳州（今湖南岳阳），夷陵县派来的官吏已经在这里等候了，他们还带来了峡州军事判官丁宝臣的来信。

峡州军事判官丁宝臣，字元珍，与欧阳修相识在汴京，两人交往甚密。

丁宝臣离京赴任时，欧阳修还曾作诗相赠，不想两年之后，又将在夷陵相会，并共同度过了一段难忘的时光。

欧阳修被贬而来，丁宝臣“不徒不恶之，而又加以厚礼”，“言文意勤”（《回丁判官书》），这种做法令欧阳修十分感动。

这天晚上，欧阳修的船停泊在岳阳城外。是夜，风朗气清，云水苍茫，在柔美的月光下，轻舟短楫来去如飞，船上渔人唱晚的歌声很快消逝在夜空，只有岳阳城里的钟声悠悠地回响，更衬出夜的宁静……

夷陵虽为峡州州府所在地，却极为贫瘠简陋，完全可用“脏乱差”三字来概括。先看脏：夷陵的街上到处都是臭不可闻的咸鱼味，路过的人都要掩着鼻子快跑而过。再看乱：夷陵的居民屋里灶啊井啊、吃饭睡觉的地方都在一起，上面住人下面却关着猪牛，房屋全用茅竹所盖，经常发生火灾，问其为什么不做瓦屋？原来当地人相信鬼神，认为做瓦屋不吉利。再看差：夷陵连城墙、城门都没有，街道也很窄，连马车都不能通过，街上根本没有任何东西可买。眼前的情形让欧阳修为之吃惊，他担心母亲在这里是否习惯，可母亲反而劝他：“我苦惯了，只要你能过得下，就不用为我操心。”峡州知州朱正基得知欧阳修远道前来，特意为他修建了一座宽敞整洁、高大明亮的住宅。母亲的宽慰，知州的盛情，欧阳修暂时把被贬的不快抛弃掉了，于是，他将自己的住所题名为“至喜堂”，意为“既至而后喜也”。

欧阳修幼年丧父，他的母亲经常对他说：“你父亲为官，常常想方设法让犯有死罪的人活下来。”这些教诲对欧阳修一生影响深远，其宽简不扰的施政理念，就与父亲“常常想方设法让犯有死罪的人活下来”的教诲密切相关。

欧阳修还在西京当推官时，有一天，一名士兵从服役地逃回洛阳，被扭送到推官厅进行处置。通常来说，逃兵将处以死刑，欧阳修牢记父亲遗训，仔细讯问后，觉得士兵情有可原，罪不当死，便从宽处置。

来到夷陵做县令，欧阳修是父母官，可以拍板定案，但做事却更加谨慎。刚到夷陵不久，他就拿出以前的案件档案反复察看，发现里边冤假错案不计其数，于是，仰天长叹道：“以荒远小邑，且如此，天下固可知？”在处理夷陵田契的官司纠纷时，他更加震惊了：衙门对田地没有丈量登记，衙门的官吏连字都不识几个，更没有什么制度可言，根本不像个官府的样子。于是，他亲自动手，一一重新整理。从此，夷陵大小冤案得以昭雪，县内大小官员“遇事不敢忽也”。

第十一章 复职返京

然而欧阳修在夷陵并没待多长时间，康定元年（1040年）八月一日，欧阳修就带着他的家眷回到了京师，并且也恢复了馆阁校勘职务，每天依然是参与修纂《崇文总目》。

梅尧臣在襄城得到了这个消息之后，马上寄来贺诗。他的《闻永叔复馆因以寄贺》诗开章咏道：

东方有铩禽，已喜羽翰插。
重来金马门，莫忘黄牛峡。

他将朋友复职，重返京城，比喻为受伤的飞鸟重新插上奋飞的双翅；勉励欧阳修官复原职之后，不忘贬谪生活，一定要继续关心民生疾苦。

欧阳修也没有辜负梅尧臣的期望，在复职返京之后，他很快撰写了一系列政论文，并且大力阐述朝政改革的主张，为即将发生的“庆历新政”制造舆论。

在当年的岁末，欧阳修上奏了《通进司上书》，向朝廷提出了经济改革方案三大纲领：“通漕运”、“尽地利”和

"权商贾"。

漕运，指利用水路将朝廷征收的粮食、钱帛之类物资，运送到京师或其他指定地点，以保证皇室、官府以及军队的供给。"通漕运"就是疏通水道，保证漕运畅通无阻。

所谓"尽地利"，指开发土地资源，发展农业生产。"权商贾"则指利用商人，放宽商禁，促进市场繁荣，增加朝廷收入。

在欧阳修看来，"三术并施，则财用足而西人纾，国力完而兵可久"。它能够有效地提升综合国力，挽救朝廷"积贫积弱"的颓势，从而能够有效提高国家对付西夏军事进攻的抵抗能力。

欧阳修继承并发展韩愈的辟佛思想，主张"修其本而胜之"的方法，即纯洁儒学，讲究礼义，完善仁礼制度，实施封建教化，使人人心中有所守，佛、道邪说自然无从而入。

当然，宗教问题及其解决办法，并非欧阳修所说的那么简单。然而，他所提出的辟佛方法，主要是从思想教育方面来解决思想问题，则是非常明智的见解。在这个时期，随着诗文革新运动的深入，文坛的风气开始慢慢地变革，欧阳修文名开始蜚声海内，文学影响日益扩大，不断有文人学子前来求教，其中包括吴充、祖无择、杜默等人，而尤其值得一提的是曾巩其人。

庆历元年（1041 年）秋冬之交，曾巩刚好来到了汴京，进入太学进行学习。当时曾巩二十二岁。就在五年前，他参加科举考试没有高中。这次，他投书谒见欧阳修，并献呈两册杂文时务策，虚心求教。

欧阳修读了曾巩的文章，惊叹不已，将他视为诗文革新运动志同道合的战友。欧阳修曾说："上我家拜访的人成百上千，我最赏识的就是曾巩。”在答赠时人的诗歌中，欧阳修对这位新结识的晚辈赞不绝口。

欧阳修对曾巩除了一些惺惺相惜的称赞之外，他还对曾巩文章中存在的不足进行了悉心的指点，得到了欧阳修帮助之后，曾巩的文学创作也有了新的发展。

第二年，曾巩在礼部试中又一次落榜。欧阳修对此非常惋惜，也觉得非常的不平，并为自己无力举荐感到愧疚。

在曾巩南归故里时，欧阳修特地撰写《送曾巩秀才序》，指斥主考官拘于陈规旧法，不敢破格录用人才，批评不合理的科举考试方法与录取标准：

有司敛群材，操尺度，概以一法，考其不中者而弃之；虽有魁垒拔出之材，其一累黍不中尺度，则弃不敢取。……不幸有司尺度一失手，则往往失多而得少。呜呼，有司所操果良法耶！何其久而不思革也。

庆历二年（1042 年）闰九月，欧阳修离开了京师，出任滑州（今河南滑县）通判。这次离开京城的主要原因是因为他屡次上书议论朝政，然而很长时间却得不到朝廷的答复，他感到心灰意冷；另一方面，因为京城的各种费用昂贵，而自己却职微俸薄，难以赡养家室，因

此，他自请调任外职。

当时的“通判”一职，是朝廷直接派遣到州府的副长官，可与知州、知府共同处理政务，又有权监察所在州府的官吏，可以直接向朝廷报告情况，因此又称“监州”。就欧阳修的个人仕途而言，此次应该是向前迈进了一大步。

第十二章　西夏立国

历史上的西夏，是由党项人于公元1038年至1227年间建立的一个封建政权。

拓跋思恭曾长期占据夏州（今陕西横山县），建国时，他便以夏州立名，称“大夏”。又因其在宋朝的西方，所以宋人称它为“西夏”。西夏国统治的范围，大致在现在的宁夏、甘肃、新疆、青海、内蒙古以及陕西的部分地区，其疆域达到了方圆数千里，东临黄河，西至玉门关，南边界在萧关（今宁夏同心南），北靠大漠，地域十分辽阔。

创建西夏国的党项人，是羌族的一支，隋书中记载：“党项羌者，三苗之后也。”在唐朝时，生活在青藏高原的党项羌和吐谷浑经常联合起来，一起抗击强大的吐蕃。唐高宗时，吐谷浑被吐蕃所灭，失去依附的党项羌请求内附，被大唐安置于松州（今四川松潘）。

后来，党项羌逐渐繁衍成一个人数众多的大部落，其中盟主部落拓跋氏大概只占据今天的青海东南和甘肃南部等地。唐开元年间，居于青海东南和甘肃南部的党项羌非常恐惧四处劫杀的吐蕃军队，向唐玄宗求救，被迁至庆州（今甘肃庆阳）。

安史之乱发生后，郭子仪害怕这些异族趁乱闹事，于是建议唐代宗将当时在庆州的拓跋朝光部迁至银州（今陕西榆林）以北和夏州以东地区，这一地区就是南北朝时期匈奴人赫连勃勃的“大夏”旧地，当时称为平夏，所以这部分党项羌就成为平夏部，也就是日后西夏皇族的祖先。

唐僖宗时，党项部首领拓跋思恭因参与平叛黄巢起义有功，被朝廷封为夏州节度使、夏国公，之后被赐姓李，从此以后，拓跋思恭及其他的后代都以“夏国公”的名义，成为当地的藩镇势力。这部分党项羌武装也被称为“定难军”，其势力范围以夏州为中心，包括夏、绥、宥、银四州，现在的鄂尔多斯南部地区均是拓跋氏的私人领地。

五代十国时期，不管中原是谁当政，已经改成“李姓”的拓跋氏一族都“俯首称臣”，以低调称臣换来当政朝廷对他们统治地位的首肯和大量的金银赏赐。

不过长期以来，拓跋氏一族的野心并不大，无非是甘愿当一个割据一方的诸侯而已。

宋太祖立国以来，虽然通过“杯酒释兵权”的方式，削夺了藩镇的兵权，但北宋王朝对西北的少数民族依然采取宽松政策，允许他们世袭领地。

当夏州节度使这一官位传到李继捧的时候，情况已经有了很大的变化。

公元982年，赵光义登基之后，开始削弱藩镇的兵权，他把李氏亲族全都迁到京城，放在眼皮子底下便于监视，希望彻底铲除盘踞在西北的藩镇势力。

李继捧有一个族弟，名叫李继迁，这个人是一个胸怀大志的人，他深知李氏一族一旦到了京城之后，便再无翻身的可能。于是，他在一个月黑风高的夜晚逃出了京城。

北宋王朝对一个小人物的失踪并没有放在心上，谁知道，就是这个小人物，日后却掀起了大浪。

李继迁逃离了汴梁之后，深知自己弄不好会掉脑袋，于是，他就隐姓埋名逃到了大草原深处。

他是一个有远大抱负的人，自然不会就此沉沦，而是为自己和自己家族的翻身开始有目标地积蓄力量，他逃到草原部落之后，开始跟当地豪强联姻，一连娶了好几位当地豪强的女儿，这样一来，他再也不是单枪匹马的一个人了，他的势力也逐渐壮大起来。

羽翼丰满之后，李继迁在雍熙二年（985 年），会同他的族弟李继冲，诱杀了宋将曹光实，并占据了银州，攻陷会州（今甘肃靖远），然后，又开始向北宋的死对头——辽国请降，辽国巴不得大宋朝再多一个对头，于是，便顺水推舟地封他为夏国王。

李继迁自从有了辽国做靠山，他就有恃无恐地跟大宋翻脸，至道二年（996 年），李继迁截夺宋军粮草四十万，又派出大军包围了灵武城。

消息传来，北宋朝廷震惊。宋太宗大怒，派出五路大军攻击夏国，结果全部败北。

宋太宗驾崩之后，宋真宗即位。宋真宗为了息事宁人，做出了一个很怂的决定——割让夏、绥、银、宥（陕西靖边）、静（陕西米脂）等地给李继迁，换句话说，等于是在事实上承认了西夏独立的合法地位。

宋真宗咸平五年（1002 年），李继迁率诸部落攻陷宋朝重镇——灵州，将此地改名为“西平府”，后来，他继续进军，攻取了西北重镇凉州，截断宋朝与西域的商道，从此西域各国无法向宋朝入贡，同时，为了削弱北宋的军事实力，李继迁禁止西域诸部卖马匹给宋朝。

在冷兵器时代，战马是宋朝的国防核心要素，因为无法及时补充足够数量的军马，宋朝的军力受到了极大的限制，夏国的力量却得到了快速的发展。

但是，天有不测风云，在与吐蕃会盟时，李继迁遭到了吐蕃人的暗算，被劲弩射伤，因伤重而死，时年四十二岁。

李继迁死后，李德明继位。李德明倾力向河西走廊地带发展，这个时候的西夏国已经有了足够的军事实力，南击吐蕃，西攻回鹘，极大地拓展了党项羌族的生存空间。

1019 年，李德明选定怀远镇（今宁夏银川）为都城，改名兴州。他对外仍向宋、辽称臣，对内则完全是帝王气派。

经过了两代人的积累，等到李德明的儿子李元昊继夏国公位时，西夏已经具有了可以跟宋朝抗衡的力量。

1032 年，李元昊准备脱离宋朝的控制，他首先放弃了从唐朝以来一直姓的“李”姓，第二年，又以避父讳为名，改宋明道年号为显道，从此西夏国开始有了自己的年号。

其后几年他建宫殿，立文武班，规定官民服饰，定兵制，立军名，创造自己的民族文字（西夏文），并颁布秃发令，并派大军攻占吐蕃的瓜州、沙州（今甘肃敦煌）、肃州（今甘肃酒泉、嘉峪关一带）三个战略要地。如此一来，西夏国已经拥有了夏、银、绥、宥、静、灵、会、胜、甘（今甘肃张掖）、凉（今甘肃武威）、瓜、沙、肃等数州之地。也就是说，现在的宁夏全境、甘肃大部分地区、陕西的北部、青海东部以及内蒙古部分地区，全都是西夏的国土。

1038 年 10 月 11 日，李元昊称帝，建国号大夏。宋廷上下极为愤怒，双方关系正式破裂。

在此后的数年当中，李元昊相继发动了四次战役，歼灭宋西北军精锐数万人，并在 1044 年，在河曲之战中，击败了携十万精锐御驾亲征的辽兴宗，西夏国后来居上，完全奠定了宋、辽、夏三分天下的格局。

庆历四年（1044 年）十月，宋夏议和，岁输西夏绢十五万三千匹，银七万二千两，茶三万斤。这种重金收买政策，只换来西夏在口头上向大宋称臣，同年十二月，宋朝廷正式册封李元昊为夏国主，允许其自置官属。这样一来，西夏国已被正式承认为一个政权实体。

大败宋、辽两国之后，此时的西夏军队人数达到了五十万人。因为战争的得利，李元昊变得不可一世，日益骄奢淫逸，他甚至将儿子宁令哥的妻子抢过来，做自己的妃子。宁令哥因夺妻之恨，对父亲李元昊恨之入骨。

1048 年的元宵节，李元昊正在跟嫔妃们一起观赏花灯。宁令哥趁父亲不备，挥刀将李元昊的鼻子全部削掉，李元昊痛极血尽而死，时年四十六岁。

李元昊之子李谅祚随后继承王位，他死后，又由子李秉常继位，此时西夏政局内部动荡，宋神宗以为有机可乘，便派兵五路攻夏，准备收复失地。

但是，几场战役打下来，宋军败多胜少，特别是灵州、永乐城两场战役，损失士兵、民夫达六十余万人，耗费军费无从计算，沉重的军费开支使得北宋国的税赋猛增，国家实力渐弱。

第十三章　朝政风云

北宋同西夏的关系非常紧张，沉重的岁输政策使得北宋国库空虚。在边防政策上，大宋朝始终奉行以土地和币帑换取短暂和平的投降主义政策，步步退让的消极对策成为欧阳修等有识之士的心头之痛。

庆历三年（1043 年）四月，吕夷简罢相，继任宰相的人是章得象和晏殊。晏殊是老派官僚，他对于改革基本持同情态度，而章得象的思想较复杂，他保持中立态度，既不支持也不批评。

两个宰相模棱两可的态度，使反对改革的官僚得以大肆活动。反对派的首领夏竦是一个阴险狡诈之人，他当时任枢密使，执掌兵权。他和内侍蓝元震等人勾结在一起，在仁宗面前散布流言蜚语，先是说范仲淹、欧阳修等人营私结党，会导致朋党乱政；然后又以回顾历史为名，把范仲淹、欧阳修被贬谪的原委加以渲染。

于是，范仲淹、欧阳修等人在仁宗心目中的贤臣形象受到了损毁，仁宗支持改革的决心也有了动摇。庆历四年（1044 年）九月，杜衍为宰相。杜衍倒是支持改革的，但大势已去，无可作为了。

在这一年的六月，范仲淹被免去了参知政事一职，同时出任陕西河东宣抚使。到了八月，富弼也被免去枢密副使之职，出任河北宣抚使。而到了九月，晏殊被罢相，以工部尚书出知颍州。

庆历五年（1045 年）三月，韩琦罢枢密副使，出知扬州。章得象罢相，出判陈州。

同时，反对新法的贾昌朝、陈执中走上重要岗位，开始执政。对于范仲淹、杜衍、富弼等人罢官外放，欧阳修当然痛惜不已。作为谏官，他多次上奏，为范仲淹等人辩护，这些辩护的言辞当然是无足轻重的，但是，欧阳修的这种态度激怒了反对改革的官僚们，他们恼羞成怒，到处搜集一切可以弹劾欧阳修的证据。

对于政治人物来说，由于他们事事注意，谨言慎行，一般难得被政敌抓住把柄，此时政敌就会用“贪污”、“奸情”等涉及伦理道德的“罪状”，四处造谣，让当事人有苦难言。欧阳修这次没有被那场气势汹汹的“朋党案”遭罢官，却落进了一场难以洗清的“甥女案”而被贬。

据《神宗实录》记载，一个“张甥案”，便是欧阳修被贬官的直接原因：

修妹适张龟正，龟正无子而死。有龟正前妻之女才四岁，无所归，以俱来。及笄，修以嫁族兄之子晟。张氏后在晟所与奴奸，事下开封府，狱吏附致其言以及修，乃以户部判官苏安世、内侍王昭明杂治之，卒无秋毫。乃坐用张氏奁中物买田，立欧阳氏券，左迁知制诰知滁州。

实际上，这个案情非常简单，张氏甥女是欧阳修妹夫张龟正和前妻生的女儿，在张龟正死后，欧阳修妹妹带着七岁的她来到汴京与欧阳修一家共同生活。几年后，欧阳修做主将她下嫁给自己的远房堂侄欧阳晟。不料张氏却与一名男仆勾搭成奸，私情败露后，欧阳晟将两人告至开封府。

事后查明，张氏与奴仆通奸，和欧阳修没有任何关系。但却有人造谣说，是欧阳修与外甥女通奸。虽然经过各方的审查，澄清了谣言，但是，一波未平一波又起，又有人说，欧阳修用张氏私房钱买田，田契上却写了欧阳修的名字。

于是，通奸一案变成了诓骗外甥女钱财，不管是否属实，对立的势力都想借此先将欧阳修赶出朝廷再说。

其实，张龟正一生清贫，死后并无余财。欧阳修的妹妹出嫁二三年，张龟正就死了，留下一个前妻所生的女儿，当时只有四岁。

欧阳修的妹妹因生计无着落，便携着这个小女孩回到娘家，长期依靠欧阳修抚养。

张氏的婚嫁妆奁都是欧阳修置办的，所以说，根本就不会存在用张氏奁中物买田的事。

对于当权宰相，欧阳修有过非常严厉的批评，这也是得罪当朝权贵的重要原因。对于贾昌朝这个人，欧阳修一向反感，他在《论贾昌朝除枢密使札子》中对其有过如下评价：

昌朝禀性回邪，执心倾险，颇知经术，能文饰奸言，好为阴谋，以陷良士。小人朋附者众，皆乐为其用。

欧阳修如此被诬陷，不是个人道德污点，而是政治上支持改革，支持范仲淹等人所引起的。对陈执中，欧阳修在《论台谏官言事未蒙听允书》中，将他概括为“不学无识，谄邪狠愎”的邪佞之臣。

欧阳修对贾昌朝、陈执中的抨击如此激烈，是出于多年的观察所致，并非无中生有。

宋人王铚在《默记》一书中，非常详细地记述了欧阳修被诬陷的经过：

欧公庆历间为谏官，大忤权贵。未几，以龙图阁学士为河北都运。公在河北，职事甚振，无可中伤。会公甥张氏，幼孤鞠育于家，嫁侄晟。晟自虔州司户罢，以仆陈谏同行，而张与谏通……事发，拘于开封府右军巡院。张惧罪，且图自解免，其语皆引公未嫁时事，词多丑异。军巡判官孙揆止劾张与谏通事，不复支蔓。宰相闻之怒，再命太常博士苏安世勘之。遂尽周张前后语案，又差王昭明监勘。盖以公前事欲令释憾也……昭明至狱，见安世所勘案牍，骇曰：“昭明在官家左右，无三日不说欧阳修。今省判所勘，乃迎合宰相意，加以大恶，异日昭明吃剑不得！”……安世闻之大惧，竟不敢易揆所勘，但劾欧公用张氏资买田产立户事。

关于张氏的供词，现在已经没有文献可考。不过，从这件事来看，张氏确实是一个非常恶劣、性格泼野的女人。一旦奸情发作，即乱供乱扯，把事件弄大，以求自己从轻发落。

从王铚的记载来看，贾昌朝、陈执中的用意非常明显，即要借此事为口实，来打击报复欧阳修。

仁宗显然已经听信了宰相贾昌朝的谣言，最终，欧阳修被贬到滁州。当时由杨察行起草的《谪滁州制词》上说：

不能淑慎以远罪辜。知出非己族，而鞠于私门。知女有室归，而纳之群从。向以讼起晟家之狱，语连张氏之资，券既弗明，辩无所验。

实际上，这是一起含糊定罪的冤案，语有所出，却查无实据。欧阳修就这样被贬谪出京师。

这一场“张甥案”的关键，实际上并不是个人道德的荣辱，而是当时的政坛官员集团的倾轧所致。贾昌朝等人根本就不在乎欧阳修个人品德，实际上，那不过是一个借口而已。

实际上，宋代官员生活比较混乱，一家之内，姬妾女乐并非罕见，即如欧阳修、范仲淹等名臣也不能免俗。不过，欧阳修这次被贬，对他是一个新的打击。上次被贬夷陵，纯粹是政见之争，这次被贬滁洲，却为以私德为口实掩盖下的政见斗争。

更复杂的是，欧阳修遭此诬陷之后，更加懂得了政坛争斗的阴暗和险恶。也许正因为“张甥案”在欧阳修心中留下的深深创伤，所以从这个时候开始，参政与隐退两种思想时常在他的内心当中博弈。也是从这个时候开始，他从“立功”、“立德”开始向“立言”的方向转变。

第十四章　重遇老友

庆历元年（公元1041年）的时候，苏舜钦、石延年都在朝廷任职，两个人经常和欧阳修聚在一起，大家一起谈论国事，相互切磋诗文，日子过得逍遥自在。

特别是石延年，早在李元昊反叛之前数年，他已见微知著，对国家三十余年来休兵养息、武备松弛的现状深表忧虑。他曾上书指陈政事，然而，这些极富远见的议论一直没有得到朝廷的重视。

直到西北的战火燃起之后，朝廷这才对石延年的言论重视起来。欧阳修对石延年的深思熟虑十分佩服，特别喜欢听他分析时局。可惜，这种相聚的时光并不长久，庆历二年（1042年）二月四日，宿疾在身的石延年病情不断加重，最后溘然长逝，石延年去世的时候，年仅四十八岁。

面对又一次失去挚友的悲痛，欧阳修长歌当哭，在《哭曼卿》一诗中，他含泪写道：

嗟我识君晚，君时犹壮夫。
信哉天下奇，落落不可拘。

轩昂惧惊俗，自隐酒之徒。

一饮不计斗，倾河竭昆墟。

石延年下葬后不久，苏舜钦由于母亲去世而告假奔丧，到了五月下旬，他也离开了汴京。

转眼到了秋天，梅尧臣来到了汴京，等待转官前的磨勘(即考查)。

当年洛阳时的好友又一次相见，彼此惺惺相惜，两个人心中都有很多话要说。不过这一次，他们谈论的话题却是非常沉重。

在国家危难之际，作为文臣的他们，两人都为自己不能为国家效力疆场，却只能袖手旁观而难过，国家的危难使得他们的内心充满了压抑和苦闷。

尤其是梅尧臣，在这几年当中，他曾多次向朝廷提出从军的愿望，但他的请求却一直没有得到任何答复。

在襄城知县的任上，梅尧臣看到了太多的战争，士兵在流血，人民为逃避战火而流离失所的痛苦让他心痛如割。所以，他不希望自己继续做一名直接驱迫民众承担沉重税赋的县官，他希望自己能够有新的职位。

没过多久，梅尧臣被委派到湖州担任监盐税，当他摆脱了县官冗杂的职责之后，内心或多或少地感受到几分轻松和快慰。

此时虽然新霜未落，但汴水已渐渐变浅，他决定趁枯水期到来之前买舟东下。

得知这一消息，欧阳修连忙邀同在馆阁任职的陆经，一道为好友梅尧臣饯行。这个时候，适逢久旱之后下了一场透雨，三位好友在雨后的清新空气中开怀痛饮，梅尧臣用他的诗记录了这次难得的老友相逢：

门前有客莫许报，我方剧饮冠帻欹。
文章或论到渊奥，轻重曾不遗毫厘。
间以辨谑每绝倒，岂顾明日无晨炊。
六街禁夜犹未去，童仆窃讶吾侪痴。

只可惜，命途多舛的梅尧臣，空负绝世之才，既不能在科举考试中崭露头角，而当此国家多事之秋，也得不到一个施展才华的机会，对此欧阳修深感惋惜，却又爱莫能助，不禁叹道：

关西幕府不能辟，陇山败将死可惭。
嗟余身贱不敢荐，四十白发犹青衫。

唯一能够慰藉好友的就是湖州知州胡宿，他也是一位能诗善文的雅士，到任后定会宾主相宜，悠然适意：

吴兴太守诗亦好，往奏玉琯和英咸。
杯行到手莫辞醉，明日举棹天东南。

送别了梅尧臣之后，欧阳修又回到了原来宁静的状态之中。此时此刻，《崇文总目》的修撰工作已经进入到最后的阶段。

收尾的工作非常繁忙，欧阳修全心全意地投入其中。到了十月的时候，欧阳修年迈的母亲突然病倒，经过几番寻医问药之后，病情却始终不见丝毫减轻。

京城的名医非常多，但大部分都是朝廷御医，一般很难请到。欧阳修为此“日夕忧迫，不知所为”，只好写信向各方的朋友求助。

经过长时间的努力，母亲的病情终于慢慢有了好转，直到这个时候，欧阳修非常纠结的心情才得到了稍许的舒展。

十二月十四日，《崇文总目》六十卷修成，进呈御览，仁宗非常高兴，对所有参修人员予以封赏，欧阳修自馆阁校勘晋升为集贤校理。

岁末的时候，官员们有了一点闲暇的时间，这个时候的汴梁城箫鼓喧空，家家宴饮，异常的繁华。

这一天，纷飞的瑞雪将楼阁亭台点装得如同瑶池仙境一般，枢密使晏殊在西园置酒，与众僚属吟赏雪景。

坐中多为饱学能文之士，欧阳修与陆经也应邀出席。酒过三巡，每个人都是诗兴大发，即景赋诗。

常言道，“瑞雪兆丰年”，而在善于歌功颂德的文士笔下，丰年之兆不仅是国家的吉庆，更是秉国当政者德能的显现。觥筹交错之间，众人的诗作无一不循着这一思路各逞才艺，令志得意满的主人开怀不已，宴会也因此一次次推向高潮。

欧阳修端坐其中，品味

着这一首首遣词命句难免大同小异的太平诗作，思绪不禁飞到了万里冰封的西北边陲，如今边患未解，数十万将士抛妻别子在严寒中坚守岗位，捍卫着国家的边疆。可是，身为朝廷最高军事长官的主人晏殊，又怎能完全将他们置之度外呢？

想到这里，欧阳修提笔写下了《晏太尉西园贺雪歌》一诗，其中四句写道：

主人与国共休戚，不唯喜悦将丰登。
须怜铁甲冷彻骨，四十余万屯边兵。

诗歌的讽谕之意非常明显，同那些锦上添花的诗作有着不同寻常的声音。

晏殊读罢全诗，心中十分不快，但他当时隐忍未发。事后曾对人说："唐代的韩愈也是能诗善文的才士，他每次参加宰相裴度的宴会，只不过写些'园林穷胜事，钟鼓乐清时'等应景之词，不像欧阳修这么胡闹。"话虽这么说，但是，对于欧阳修的刚直敢言，晏殊还是非常认可的。

第十五章　改革思潮

大宋朝西部与西夏国的边患还没有解决，北方与辽国接壤的地方又发生了新的战事，真可谓“一波未平一波又起”。

庆历二年（1042 年）三月，辽国皇帝看到宋朝正忙于西夏战事，无暇他顾，于是就在幽、蓟一带大量集聚兵力，声言南下，欲以武力胁迫大宋朝割让瓦桥关（今河北雄县南）以南的十县土地。而此时的北宋王朝可谓内忧外患，西北战事不断，京东、京西地区也正在酝酿着大规模的农民起义。

宋王朝腹背受敌，毫无招架之力，在此情形下，只能派出使臣前往大辽国议和。

知制诰富弼临危受命，先后于四月、九月两度出使契丹。面对飞扬跋扈的辽国君臣，富弼不卑不亢，义正辞严，处处维护国家的尊严。经过一番艰难的谈判，终于保全了国土，但是作为代价，在“澶渊之盟”的基础上，宋朝答应每年必须给辽国增纳银十万两、绢十万匹。岁币和军费的不断增加，使得国家内外交困、危机四伏。

在这种局面下，仁宗皇帝不得不广开言路，希望能够尽快找到拯救国家危局的方略，五月十二日，仁宗皇帝正式下诏，命三馆臣僚上书言事。

在此之前，欧阳修等人对国家的前途和命运非常关注，但怎奈自己人微言轻，没有进言的机会。当仁宗下诏之后，欧阳修十分踊跃地响应这一号召，连续多日废寝忘食，写成《准诏言事上书》一文，文中提出“三弊五事”，全面分析宋朝官僚政治的症结所在，系统提出自己的改革主张，充分体现了欧阳修立足现实，反对因循守旧的政治思想，其精神实质与范仲淹随后提出并成为“庆历新政”主要内容的《答手诏条陈十事》完全一致。

欧阳修的这篇文章长达三千八百余字，尖锐犀利，没有一点的隐讳。在这之后的几个月中，他又连续写了《本论》、《为君难》等系列论文。《本论》分上、中、下三篇，主要是从政治、思想两个领域对国家的积弊提出“治本之策”，上篇侧重于政治方面，指出当前朝政存在的五大弊端：其一是“财不足用于上而下已弊”，其二是“兵不足威于外而敢骄于内”，其三是“制度不可为万世法而日益丛杂，一切苟且”，其四是“莫有奋然忘身许国者”，其五是“愚者无所责，贤者被讥疾”。

他认为：

> 夫财用悉出而犹不足者，以无定数也。兵之敢骄者，以用之未得其术，以此知制（即法）之不立也。夫财匮兵骄，法制未一，而莫有奋然忘身许国者，以此知不任人也。

所以说，均财、节兵、立法、任人是治理国家的关键，其中“任人”更是关键中的关键。他认为，“不任人者，非无人也”，而在于缺乏一种“尊名以厉贤”的良好社会风气：

彼或挟材蕴知，特以时方恶人之好名，各藏畜收敛，不敢奋露，惟恐近于名，以犯时人所恶。是以人人变贤为愚，愚者无所责，贤者被讥疾，遂使天下之事将弛废，而莫敢出力以为之。

由于天下人都嫉妒他人美好的名誉、声望，当这种嫉妒的心理成为一种普遍时尚的时候，就导致了那些富有才华的人得不到重用，或者其行为不得不收敛，轻易不敢显露，唯恐稍一不慎，便招来时人的妒忌与排挤，因此人人都以贤为耻，以愚为荣。愚者不受责备，贤者反遭讥讽，于是天下之事松弛荒废，而没有人敢出来奋力挽救。由此可见，“此不尚名之弊者，天下之最大患也”，因此，崇尚名节、振作士气，这才是求治革新的核心任务所在。

欧阳修痛陈的现状确实如此，自从五代开始，道德萎靡，士气衰颓，士大夫们大多养成了因循苟且、唯唯诺诺、不求有功但求无过的庸人习气，欧阳修的这一番论述可以说切中了问题的实质。

尤为难能可贵的是，他不仅敏锐地发现并揭露了这一弊病，而且身体力行，与范仲淹等有识之士一起，“以直言谠论倡于朝”，为一代知识分子做出了光辉榜样。

《本论》的中篇与下篇论述内容主要是反对佛教，进而有效地弘扬儒学。

自东汉后期佛教传入中国以来，其影响力在不断扩大，对于儒家思想的正统地位构成巨大的威胁，历代儒者无不将佛教思想视为洪水猛兽，极力排佛辟佛。

唐代文学家韩愈曾作《原道》，甚至主张对佛教采取强制措施，勒令僧人还俗，烧毁佛经典籍，将佛寺变为民居。后世儒者都沿袭着这一思维模式。然而，欧阳修并不赞成韩愈的这种方式，他觉得这只是治标并不是治本的做法，其结果必然是“攻之暂破而愈坚，扑之未灭而愈炽”。那么，如何才能遏制佛教势力的进一步发展呢？欧阳修主张施以潜移默化的教育。

他说：“然则将奈何？曰：莫若修其本以胜之。昔战国之时，杨、墨交乱，孟子患之而专言仁义，故仁义之说胜，则杨、墨之学废。汉之时，百家并兴，董生患之而退修孔氏，故孔氏之道明而百家息。此所谓修其本以胜之之效也。”

他认为，只有全力去弘扬儒学，让每个人都接受教化，每个人都知礼义，“行之以勤而浸之以渐，使民皆乐而趣焉，则充行乎天下，而佛无所施矣”。

欧阳修的这一主张，显然要比韩愈的行政命令更有效果，在思想界产生了很大影响。因此，“此论一出，而《原道》之语几废”。

与《本论》不同，《为君难》主要讲言事之风，文章分为上下两篇，上篇从“为君难，莫难于用人”的角度出发，讨论用人与纳谏之间的关系。他指出：帝王用人，虽应“任之必专，信之必笃”，但切不可“以违众为独见之明”，“以拒谏为不惑群论”，“以偏信而轻发为决于能断”。

他说：“昔秦苻坚地大兵强，有众九十六万，号称百万，蔑视东晋，指为一隅，谓可直以气吞之耳。然而举国之人皆言晋不可伐，更进互说者不可胜数，其所陈天时人事，坚随以强辩折之，忠言谠论皆沮屈而去。……惟听信一将军慕容垂者。”

在慕容垂的一再怂恿下，苻坚开始大举南伐，最后在淝水一战大败而归。

同样，在五代后唐时，石敬瑭以河东节度使驻太原，拥兵跋扈，后唐废帝李从珂将他视为心腹之患，想调任他为天平节度使，借此削弱他的势力，“满朝之士皆谏，以为不可”。

李从珂夜召亲信薛文遇商量对策，薛文遇说：“臣闻作舍道边，三年不成。（即与过路人商量盖房子，必然办不成事。）此事断在陛下，何必更问群臣。”

李从珂大喜，他说：“有一个算卦的人，预言我今年应该得到一个贤臣的辅佐，帮助我中兴，你一定就是这个人了！”

第二天，李从珂不顾朝臣的极力反对，一意孤行，颁发了诏令。早有不臣之心的石敬瑭得知这一消息，正好以此为借口，说：“我本来不想犯上作乱，既然朝廷这样发落我，我怎么能够束手等死呢？”于是，石敬瑭举兵叛乱，废帝李从珂兵败自杀。随后，石敬瑭称帝，是为晋高祖。

所以说，帝王在用人“任专信笃”的时候，也一定要广听博采，接受群臣的不同意见。

然而，“用人之难难矣，未若听言之难也”。《为君难》下篇即重点论述帝王听言之难。他认为，听言之难，最难莫过于对巧谀与忠直的辨别，有的人虽然讲起道理来头头是道，但是一旦接触实际，很快就一败涂地了。

战国时，赵国名将赵奢的儿子赵括最善谈兵，可谓天下无敌。后来赵王命令他领兵攻打秦国，结果兵败身亡，赵国一次折兵四十万。

而有的人则恰恰相反，如秦国大将王翦。当年秦始皇为统一天下，打算攻打楚国时，曾问秦将李信，用兵多少?

李信年少气盛，回答说："不过二十万足矣。"

而老将王翦则说："非六十万不可。"秦始皇很不高兴，说："将军老矣，何其怯也!"于是派李信率兵二十万攻楚，结果大败而还，最后还是由王翦出兵六十万才消灭了楚国。

欧阳修这些论文，和他明道、景祐以来的其他文章，在思想上都是一脉相承的，可以说是当时涌动于朝野上下的改革思潮的重要组成部分。欧阳修的文章一经写出，便众口相传，他也因此成了当时革新派的主要代言人，同时也给即将到来的"庆历新政"做出了非常好的思想舆论准备。

第十六章　庆历新政

庆历三年（1043年）三月，前后担任宰相达二十多年的吕夷简被罢职，晏殊出任宰相，同时兼枢密使。这次宰相人选的更换标志着北宋朝政的改革从此拉开了序幕。

这个时候，朝廷正在酝酿着与西夏议和，因为此时宋朝腐败不堪，文官无谋，武将怯战，在与西夏开战的三年中，消耗了国库的大量财富，但是战况却是损兵折将、屡战屡败。

为什么实力强大的宋朝却打不过一个小小的西夏国？其实，在这屡战屡败的背后，有着很复杂的政治因素。

原来，在北宋立国以后，太祖、太宗两朝为了防范藩镇割据势力的崛起，先后制定了“祖宗家法”，强化了君主专制主义的中央集权制。

在这段时间里，皇权得到了巩固，社会秩序稳定，生产发展繁荣。但是，中央集权带来的弊端也是明显的，导致“冗兵”、“冗官”、“冗费”大量出现，不仅消耗了大量的社会财富，同时也严重削弱了军队的战斗力，从政治、经济、军事等多方面动摇了北宋王朝的统治基础，使国家陷入到内外交困的局面当中。

面对危机，要求政治改革的呼声充满了朝野上下，仁宗为了他的江山社稷，被迫走上了改革朝政、变法图强的道路。

三月二十六日，欧阳修被任命为太常丞、知谏院，与此同时，王素、余靖被仁宗皇帝任命为谏官。

早在庆历元年（1041 年）五月，地方大员孙沔就向朝廷推荐了欧阳修，他认为欧阳修可以担任谏官。

这一次，仁宗皇帝开放言路，增加谏员编制，遴选正直敢言的士大夫担任谏官，宰相晏殊首先推荐的人选也是欧阳修。

四月初，欧阳修来到京师履职，欧阳修第一次上朝议事，就奏呈了《论按察官吏札子》，请求制定按察法，选拔精明廉洁的官员出任各路按察使，借以考察地方官吏的清廉状况。

到了第二年的年初，中书省、枢密院官员聚议多日，终于破格任用了一批按察使。这些人都是精明能干的能臣，并且长期怀才不遇，这一次得到破格提拔的机会，所以每个人都很珍惜这个难得的机会，他们表示将秉公执法，努力报效朝廷。

听说国家提拔了许多谏官，各地的贪官污吏都非常害怕，有一些昏庸老病、尸位素餐的官员都知趣地自动退职，北宋州县的吏治很快就得到了整肃，朝政也出现欣欣向荣的迹象。

北宋朝廷在经历了与西夏国漫长的讨价还价之后终于达成了协议：西夏国在名义上向宋朝称臣，接受了仁宗皇帝册封的“夏国主”称号；宋朝每年向西夏国“赐”银、绢、茶等。

当时，契丹已向西夏宣战，西夏陷于内外困窘的处境当中，但是，却通过与宋朝的讨价还价，捞到了几乎同契丹“澶渊之盟”一样的实惠。

随着时局的不断发展变化，宋朝的有识之士逐渐认识到欧阳修当初反对向西夏无限度妥协的建议是正确的。

九月三日，仁宗开天章阁，召见范仲淹、富弼等人，天子赐座，授以纸笔，要他们当即条陈天下大事，并且一一向他们询问朝政的利弊得失。

范仲淹惶恐退席，之后撰写了著名的《答手诏条陈十事》，他援引《周易》之中“穷则变，变则通，通则久”的理论，提出了十大改革措施，其中包括“明黜陟、抑侥幸、精贡举、择长官、均公田、厚农桑、修武备、推恩信、重命令、减徭役”等内容。这些建议后来大部分都得到了朝廷的采纳，从第二个月开始，分批著为诏令，颁行全国，付诸实施，这也就是为历代史家所称道的“庆历新政”。

到了十月底，在范仲淹的提议下，朝廷开始修订磨勘法，限制或纠正了旧法中只注重年资、不问功过的弊端，开始强化对官吏在任期内劳绩过失的考核。

到了十一月，朝廷又对荫补法进行了大量的修改，限制官僚子孙通过世袭的方式入仕，在欧阳修一再奏请之下，朝廷还颁布了条例，限制权贵子弟滥入馆阁。

欧阳修主张要有一个严格的馆职推荐制度，从而能够有效地保证馆员的纯洁性，同时也给一些年轻的学子创造了通过科举公平取仕的机会。

十二月八日，仁宗开始任命欧阳修为右正言、知制诰，继续担任谏官。从此，欧阳修上朝进谏，退朝之后草拟制度，参与新政的决策，成为新政派的代言人。

到了第二年的三月，欧阳修上奏《详定贡举条状》，揭开了庆历科举改革的帷幕。

他的改革主张，主要是针对北宋立国初期科举重诗赋、轻策论，考生死记硬背等弊端而发，并就种种弊端提出了相应的补救措施："先策论过落，简诗赋考式，问诸科大义。"

由欧阳修起草的《颁贡举条制敕》及朝廷颁行的政令，规定进士考试分为三场：首先考试"策"，接着考试"论"，最后考试"诗赋"，实行逐场淘汰制，最后通过层层选拔，来为国家选择精通儒家经术义理的贤才。

欧阳修认为，人才建设不仅要通过科举改革来选拔，同时还需要复古劝学。庆历四年（1044 年）冬天，他为故乡吉州撰写了《吉州学记》一文，提出"教学之法本于人性"，主张让读书人在本乡本土就学，由州县官吏考察其道德品行，推选品学兼优者应科举试，一方面改革科举，以尽学者之材；另一方面复古兴学，以尊士子之选，两者一起实行，以促进人才建设和士风的转变。

由于新政措施触犯了达官贵人们的既得利益，因此，以吕夷简、夏竦为代表的守旧势力，一直都站在欧阳修的对立面，对新政派进行诋毁和诬陷。

当时，守旧派在朝廷当中的势力非常强大，守旧派的代表人物是吕夷简。吕夷简字坦夫，在仁宗朝曾经三次拜相，深受仁宗信任。

新政开始实施时，他虽然被罢去相职，却依然可以"议军国大事"，后来，吕夷简致仕，继续对仁宗施加影响，干扰新政的推行。

为了保证改革的顺利进行，欧阳修同守旧派展开了坚决的斗争，欧阳修在《论吕夷简札子》中，指责吕夷简在为相期间，"致四夷外侵，百姓内困，贤愚失序，纪纲大隳，二十四年间坏了天下"。然后，又上呈了《论吕夷简仆人受官札子》、《论止绝吕夷简暗人文字札子》，揭露了吕夷简"私宠仆奴，而乱国法”、“暗人文书，眩惑天听”等行为，奉请仁宗“任贤勿贰，去邪勿疑”。

为了可以进一步破坏朝政改革的进程，夏竦等人抛出了“党论”，作为他们打击新政派的杀手锏。

按封建传统观念，“君子群而不党”，小人结党营私，而臣僚们朋比为奸，历来是最高统治者的大忌，是对国君、皇权的最大威胁。欧阳修为了解除仁宗心头的疑虑和隐忧，撰写了著名的《朋党论》，对守旧派的诬陷进行了有力的回击。欧阳修在文章中指出：“朋党”是“自然之理”，自古以来就存在着，帝王需要区别“君子之朋”与“小人之朋”。“君子与君子以同道为朋，小人与小人以同利为朋”。

欧阳修继而深刻指出：“小人无朋，唯君子则有之。”因为小人们贪图私利，只能是暂时勾结，见利时你争我夺，利尽后交情疏远，所以小人之朋是虚假的；君子之朋建立在志同道合的基础上，始终如一。

欧阳修提醒仁宗，要想天下大治，就要“退小人之伪朋，用君子之真朋”，文章接着列举历史事实进行了论证，非常有说服力。

仁宗读完这篇文章，被欧阳修在文章中所呈现出来的思想所打动，他在一定程度上接受了欧阳修的观点，这为朝廷大胆起用新政派，果断推行庆历新政提供了思想理论基础。

第十七章　醉翁亭记

“庆历新政”是宋仁宗采纳范仲淹等人的革新主张，着重对吏制、科举、教育、赋役等进行的一次改革，其目的在于整顿官僚机构，增强北宋的国力。

但是，因为新政触犯了一些贵族官僚的利益，因此遭到了守旧势力的强烈反对。在庆历五年（1045 年），改革风云突变，革新派主力范仲淹、富弼、余靖、尹洙、欧阳修、苏舜钦等被诬为“朋党”而遭到排挤，仅仅施行了不到两年的“庆历新政”宣告夭折。

“庆历新政”失败之后，新政的领导者范仲淹被贬到邓州、杭州、青州。欧阳修也受到了牵连，遭到外贬滁州的命运。

欧阳修从定州望都县（今属河北）东南的阳城淀畔出发，赶赴贬谪地滁州。

清晨时分，他来到汴河码头。欧阳修兀立在船头，看到两岸柳黄霜白，秋雁南飞，一种难以言表的惆怅之情横亘于心头。面对萧瑟的秋天景象，他吟诵《自河北贬滁州初入汴河闻雁》诗，诗境萧索凄凉，令人叹然生悲：

阳城淀里新来雁，趁伴南飞逐越船。

野岸柳黄霜正白，五更惊破客愁眠。

十月二十二日，欧阳修到达了滁州。滁州在长江、淮河之间，地势非常险峻，自古就是淮南的屏障，为兵家必争之地。

这里山水秀美，物产富饶，民生安乐，风俗敦厚，是欧阳修实施宽政、悠游山水的好处所。

州城西南郊有一座琅琊山，此山在当地非常有名，这里林深树茂，山高水美，又有寺庙亭台和摩崖碑刻，是滁州一大名胜。当年西晋伐吴的时候，琅琊王司马伷曾在此山驻兵，山名因此而得。

欧阳修遭到贬谪之后也常来琅琊山游憩，尤其是到此多次寻访庶子泉。

唐朝大历年间，李幼卿以右庶子出任滁州刺史，他爱护百姓，州境升平，曾经在这里建造了石辟泉，州人称为“庶子泉”，著名书法家李阳冰撰文并书写《庶子泉铭》，使山泉名闻遐迩。

某天，欧阳修亲临其境，兴致勃勃地寻访胜迹。遗憾的是，昔日的泉水和溪流都已被琅琊寺僧人填为平地，改建僧舍，只剩下一口大井。

欧阳修嗟叹之余，却在铭石旁边发现李阳冰的十八个大篆字，字形刚劲挺拔，比铭文更显奇特，并且在古人的记载当中，从未有过对此碑的记载，所以说，李阳冰的十八个篆字堪称稀世珍宝。欧阳修徘徊在石篆大字下面，久久不忍离去，并赋《石篆诗》以记其事。

庆历六年（1046 年）初夏，有一个客人送了新采的茶，欧阳修吩咐仆人专程汲取泉水，以便烹茗。仆人在回衙门的路途中，不小心将泉水倒失。他很害怕，便在山路边随便灌了一些泉水赶回府衙。

大家品尝之后，都觉得泉水甘美无比，欧阳修问明情况，饶有兴致地约人前往，溯流而上，在幽谷篁竹丛中寻到了泉源。

这里一面是耸然特立的丰山，三面为青葱苍翠的竹岭，山势回抱，幽景天成。欧阳修将此泉起名为“幽谷泉”，又引泉为池，在泉池畔修建丰乐亭，并撰写了《丰乐亭记》。

琅琊寺僧人智仙在山头建筑一座亭子，欧阳修命名为“醉翁亭”，并赋诗作记，其《题滁州醉翁亭》诗中咏道：

四十未为老，醉翁偶题篇。
醉中遗万物，岂复记吾年。

非常明显，欧阳修将自己看作“醉翁”，主要是出于自嘲以及自谑。

他在后来所作的《赠沈遵》诗中也写道："我时四十犹强力，自号醉翁聊戏客。"

表面上他是放情山林醉乡，悠然自得。实际上，他是在残酷的政治磨难中努力抚慰自己的心灵创伤。

欧阳修在滁州撰写了许多散文，其中以《醉翁亭记》影响最大，而且流传也非常广，文章浓墨重彩，展示一幅风光绮丽的大自然画卷。笔力所在，不仅记"亭"，而且写"醉翁"心态。开章一步一景，逐层推出"醉翁亭"，继而由景及人，引出"醉翁"其人：

环滁皆山也。其西南诸峰，林壑尤美，望之蔚然而深秀者，琅琊也。山行六七里，渐闻水声潺潺而泻出于两峰之间者，酿泉也。峰回路转，有亭翼然临于泉上者，醉翁亭也。作亭者谁？山之僧智仙也。名之者谁？太守自谓也。太守与客来饮于此，饮少辄醉，而年又最高，故自号曰醉翁也。醉翁之意不在酒，在乎山水之间也。山水之乐，得之心而寓之酒也。

若夫日出而林霏开，云归而岩穴暝，晦明变化者，山间之朝暮也。野芳发而幽香，佳木秀而繁阴，风霜高洁，水落而石出者，山间之四时也。朝而往，暮而归，四时之景不同，而乐亦无穷也。

至于负者歌于途，行者休于树，前者呼，后者应，伛偻提携，往来而不绝者，滁人游也。临溪而渔，溪深而鱼肥。酿泉为酒，泉香而酒洌。山肴野蔌，杂然而前陈者，太守宴也。宴酣之乐，非丝非竹，射者中，弈者胜，觥筹交错，起坐而喧哗者，众宾欢也。苍颜白发，颓然乎其间者，太守醉也。

已而夕阳在山，人影散乱，太守归而宾客从也。树林阴翳，鸣声上下，游人去而禽鸟乐也。然而禽鸟知山林之乐，而不知人之乐；人知从太守游而乐，而不知太守之乐其乐也。醉能同其乐，醒能述以文者，太守也。太守谓谁？庐陵欧阳修也。

作者在描写醉翁亭周围早晚、四季的不同景色以后，着力描绘滁州人游山之乐和太守宴游之乐的热烈场面，展示出一幅岁丰政宽、官民同乐的风情画卷，其中更有“醉翁”纵情自适、超然物外的生动形象。

最后，文章描写夕阳西下，太守与宾客兴尽而归的情景，并推出有关本文主题的一段议论：然而禽鸟知山林之乐，而不知人之乐；人知从太守游而乐，而不知太守之乐其乐也。醉能同其乐，醒能述以文者，太守也。太守谓谁？庐陵欧阳修也。这种苦中作乐，即为他在逆境中的一种怡然达观的心态。

文章的语言非常精美，而且，极富锤炼功夫。在宋代，有人买得此文手稿，发现原稿最开头的一段，叙述的是滁州四面环山，多达数十字，几经改削，最后仅剩“环滁皆山也”五个字。全文句法，骈散相间，长短错落，虚词运用巧妙，使文章情韵悠长。连用二十一个“也”字句，其间夹杂二十四个“而”字，工整中见参差，酣畅间有婉曲，形成一种回环往复的韵律美，一曲悦耳动听的咏叹调。自古以来，欧阳修的这篇文章一直被人们称之为“欧阳绝作”。

而诗文撰写过程也有一番典故。

据说欧阳修写好《醉翁亭记》后，晚上回到州厅，又高点明灯，摆砚研墨，亲自抄写，一连抄了六份，才搁下笔来。这时，已是第二天早晨，他立即招呼两个衙役进来，吩咐道："把我这文章，分别贴到各个城门上去，一个门贴一份。"

两个衙役对太守的话似懂非懂，便问道："大人写的文章，为啥要贴到城门上去？""好让过路的人帮我修改呀！"欧阳修整整衣冠，用手拍着两个衙役的肩膀说："人常讲，一人才学浅，众人见识高，众人一定会把我的文章改得更好的，你们快去贴吧！"两个衙役听了，方才明白，同声应道："小的遵命！"便拿着文章到各城门张贴去了。

文稿张贴后，前来提修改意见的人一个也没有，一直到了第二天傍晚的时候，一个打锣的公差才领着一位五十开外的老头走进州厅，说是来提意见的。欧阳修见那老头头扎粗纱黄巾，脚着布袜草鞋，肩上扛着一根挂着绳子的扁担，右手抓着一把斧头，原来是个砍柴的李樵夫。欧阳修慌忙跑下堂来，将李樵夫拉到太师椅上，说道："快请指教本官那篇文章修改之处。"

李樵夫手里仍然握住那把砍柴的斧头，坐下以后说："大人，不瞒你说，你的文章，我听衙役读了，句句讲的都是实情，就是开头太啰嗦了！"

欧阳修随即把自己写的文章从头背诵了一遍："滁州四面皆山，东有乌龙山，西有大丰山，南有花山，北有白米山，其西南诸峰，林壑尤美……"他正背着，李樵夫把斧头一挥，说："停，毛病就在这里，太累赘了！"

欧阳修如梦初醒，沉思片刻，立即拿出文章的底稿，把开头改成“环滁皆山也”，并读给李樵夫听了一遍。李樵夫满意地说：“环滁皆山也，这五个字好，这回不累赘了！”

当天晚上，欧阳修在他的官邸设了酒宴，招待李樵夫。李樵夫临走时，欧阳修又问他有什么要求，李樵夫说：“别的不要，我只要‘欧文苏字’一份！”

苏东坡是大书法家，他很尊敬欧阳修，曾把欧阳修写的文章都亲笔抄写出来，被称为“欧文苏字”。据说，在当时，谁要能得到“欧文苏字”，身价顿时就能抬高几倍。普通的黎民百姓得到了，官府要免除他三年的银粮，可见“欧文苏字”的珍贵。但欧阳修面对此苛刻要求，欣然应允道：“行，一准办到。”

没过半个月，欧阳修就坐着轿子，来到琅琊山下，在一个破竹庵子里拜会了李樵夫，亲手把苏东坡抄写的《醉翁亭记》交给了他。后来欧阳修调到扬州，任江都太守的时候，还专门派人来请李樵夫到平山堂喝过两次酒呢！

传说，李樵夫临死前，叫儿子把那份“欧文苏字”送给了琅琊寺智仙老和尚。智仙老和尚又请石匠刻在石碑上，立在醉翁亭旁边。现在，醉翁亭宝宋斋里的那两块《醉翁亭记》碑刻，就是那时留下来的。

《醉翁亭记》是欧阳修被贬滁州留下的最大贡献。该文写成后，“天下莫不传诵，家至户到，当时为之纸贵”。《滁州志》就记载了这么一个故事：“欧阳修的《醉翁亭记》刻好后，远近争传，都来打摹。寺庙仓库里的被毡，都被客人用尽了，连和尚盖的卧毡也拿来用。做生意的得到《醉翁亭记》摹本，用以赠官，还可以免税。”当时有位音乐家沈遵，被《醉翁亭记》所展示的意境和情韵深深吸引，即信手抚琴，谱成一曲《醉翁操》，“知琴者以为绝伦”。

第十八章　诈死风波

庆历七年（1047 年）春，欧阳修开始委托州署的判官谢缜在幽谷栽种各式花卉，谢判官用公文请示花卉的品名，欧阳修在纸张的空白处赋诗一首，题为《谢判官幽谷种花》：

浅深红白宜相间，先后仍须次第栽。
我欲四时携酒去，莫教一日不花开。

欧阳修要求谢缜搭配种植各色花卉，将不同的品种按照花期合理安排，保证在一年四季当中，幽谷里都能花团锦簇，在人们饮酒的同时可以赏花。按理说，这种有花有酒的日子应该是非常惬意的，但是，政治上的失意、老朋友的离去，使欧阳修深感悲痛。

庆历七年（1047 年）四月十日，欧阳修的老朋友尹洙不幸病逝，享年只有四十七岁。

噩耗传来，欧阳修悲痛万分，多年以来，欧阳修与尹洙志同道合，不仅是生活中非常要好的朋友，同时也是政治改革和诗文革新运动中的亲密战友。

“庆历新政”失败后，尹洙被视为范、韩“朋党”蒙受打击，以莫须有的所谓“滥用公使钱”罪名遭到贬官。

在庆历六年（1046 年）的时候，尹洙一直是百病缠身，最后，终于不治而亡。尹洙一生勤俭，死后家里没有一点余财，然而，却留下了一群嗷嗷待哺的稚儿幼女。

尹洙死后，家中甚至无钱下葬，在范仲淹、韩琦、欧阳修等人的资助下，尹洙才勉强归葬于河南。

欧阳修在《祭尹师鲁文》中慨叹说：“何其穷而至此兮！得非命在乎天而不在乎人？”欧阳修还仿效逝者的文风，精心撰写《尹师鲁墓志铭》，这篇墓志铭言简意深，感情真切，却不被尹洙家属理解。

他们嫌墓志过于简略，另请韩琦撰写墓表。后来，欧阳修特地撰写《论尹师鲁墓志铭》一文，回答人们的质疑，阐述当时自己的行文用意，这实际上是非常好的一篇关于墓志铭写作理论的论文。

同年六月，朝廷中又出现了一件扑朔迷离的诈死案，这就是北宋历史上唯一一次的“诈死之谜”。

在中国历史上，宋仁宗是一个口碑很好的皇帝，素有“中国最开明最仁慈皇帝”的美誉，但是，宋仁宗也有一个非常讨厌的人，这个人就是石介。

石介是山东泰安人，他遇事敢作敢为，经常指责朝政中的过失。

景祐元年（1034 年），正当盛年的仁宗皇帝因好色纵欲，导致身体有恙，一病不起。左司谏滕子京、大臣庞籍皆上书劝谏皇上以国事为重，节欲养生。

当时，身任南京留守推官的石介寄书枢密使王曾，书中直言："……正月以来，闻既废郭后，宠幸尚美人，宫廷传言，道路流布，或说圣人好近女色，渐有失德。自七八月来，所闻又甚，或言倡优曰戏上前，妇人朋淫宫内，饮乐无时节，钟鼓连尽夜……"大加指责皇帝过度淫乱。

宋仁宗虽然在历史上有很多美誉，但同时也是一个多疑且自负、报复心极强的君主。他迫于舆论的压力，处置了尚、杨二位美人之后，劝谏他的大臣也相继遭到了贬谪。

石介的上书语言直白而冲动，也许是因为当时他的官职太小，没有让皇帝对他贬谪，但是，这种言论成了笼罩他一生的魔咒，也许后来的"诈死"与他当年的过激言论之间，有着某种因果关系。

提到石介"诈死"一案，还有一个很重要的人物，那就是夏竦。我们在前面说过，夏竦是一个非常难对付的人。在仁宗登基之初，迁任知制诰，为枢密副使、参知政事。

其实，夏竦也是一个相当有才华的人，他曾经当过两任皇上的老师，他以文学起家，曾为国史编修官，后任陕西经略、安抚招讨使等职，那场导致八万宋军全军覆灭的陕西定川之战，就是他当的总指挥。在中国历史上，让文人指挥战役，可以说很具有"北宋特色"。

《宋史》记载："竦材术过人，急于进取，喜交结，任数术，倾侧反覆，世以为奸邪。性贪，家财巨万。"如此一个身世显赫的文化人，何以与官职卑微的石介结下仇怨呢？

众所周知，有鉴于历代亡国的前车之鉴，宋朝皇帝最担心的，莫过于大臣之间结成"朋党"，一旦大臣之间结党，就有可能导致大权旁落，所以宋朝历代皇帝都在不遗余力地打击朋党。由于宋王朝对"朋党"采取严格的防范措施，北宋一代始终未出现危及皇权的情况，党争双方的生杀予夺之权始终掌握在皇帝手中，所以，仁宗对待“庆历新政”及石介的态度即是如此。

夏竦虽然在带兵打仗方面是一个废物，但在罗织罪名方面，却有着过人的本事。

为了打击“庆历新政”，他唆使一名精通书法的女家奴，暗中模仿石介的笔迹，几乎达到了以假乱真的地步。

石介的书法有“怪体”之称，一般人难以模仿，所以造他手迹的假，皇帝就很容易相信了。

夏竦让女家奴模仿石介的手迹，伪造了一封石介写给富弼的密信，言及他们正在起草废掉仁宗、另立新帝的诏书，之后，又将此信密送仁宗。

历史上任何一个皇帝都很多疑，更何况这种改朝换代的重大事情，所以仁宗皇帝对此事是宁可信其有，不可信其无。

仁宗对张士逊说：“人言仲淹尝欲废朕，朕但未见其章疏耳。”

张士逊说：“陛下既未见其章疏，不可以空言加罪，望陛下访之。”

仁宗说：“竟未之见也，然为朕言之多矣。”

仁宗皇帝不仅相信了对范仲淹和富弼的流言蜚语，同时也将两个主要的新政倡导者贬出了朝廷。

“庆历新政”失败之后，石介的悲剧终将难免。与范仲淹、韩琦等人相比，作为政治家的范仲淹和韩琦都比较冷静，而石介则经常带有一种狂热的冲动，范、韩注重实际，石介偏重理想，即使在范、韩执政期间，他们也不敢对石介委以重任。

欧阳修、余靖、蔡襄、王素为谏官，时谓之“四谏”，当时，四个人都希望能把石介引入谏官的队伍。当时，范仲淹是参知政事，正是皇上面前的红人，但他却对保举石介做谏官提出了自己不同的看法，他说："石介为人刚正，这一点天下人都知道，可是他的性格有问题，素来喜欢标新立异。如果让他来当谏官，一定会提很多难以做到的事情来为难皇上，如果皇上一旦不能满足他的心意，他一定会让皇上难堪。皇上现在正是春秋正盛的年纪，在政务上也没有做过什么有违道德的事情，对于朝廷政事的得失，完全可以自己反思改正，何必要用这样难缠的谏官呢？"

通过范仲淹的一番话，我们可以发现，虽然都属于改革派阵营当中的成员，每个人的做事风格还是大相径庭。范仲淹是比较温和的改革者，而石介则是不撞南墙不回头的激进派。

古人说"知人者智，自知者明"，石介就是一个缺少自知之明的人，对于朝政的改革，他信心满满，以为自己的所作所为都是为了国家社稷，于是大量建言，四处树敌，结果却是累人累已，导致新政失败，甚至连他在政治上的盟友都认为他的做法很不合时宜。

“庆历新政”失败之后，石介在政敌的攻击、诬蔑之中忧惧、愤懑而死。俗话说“杀人不过头点地”，可是，夏竦一伙对于这个死去的人也不放过，上书诬陷石介为“诈死”，污蔑石介并没有死，而是在与徐州狂人孔直温密谋叛变，私通契丹，意图起兵谋反，而富弼则为他们的内应。

朝廷听了夏竦的诬告之后，立即下诏，派人开棺验尸。幸好有杜衍、龚鼎臣等人仗义执言：“石介死了，可是诬陷他的人却说他逃到了辽国，怎么会有这种事！我们愿意以全家人的性命为他作证，证明他已经死了。”

皇上听了这些人的担保，这才收回了开棺验尸的诏书。

时隔一年之后，夏竦再一次进谗言，诬陷契丹作乱，仍是受了石介、富弼的指使，要求第二次开棺验视。

石介的亲族和门生八十多人同时为石介立下军令状，保证石介肯定死了，仁宗这才罢休。

石介死后，欧阳修又一次展读《徂徕石先生集》，深为石介的忠勇刚正之气感动，他义愤填膺，奋然振笔，写下《重读徂徕集》诗篇，诗中咏道：

谗诬不须辨，亦止百年间。
百年后来者，憎爱不相缘。
公议然后出，自然见媸妍。
孔孟困一生，毁逐遭百端。
后世苟不公，至今无圣贤。

所以忠义士，恃此死不难。

……

我欲犯众怒，为子记此冤。

下纾冥冥忿，仰叫昭昭天。

书于苍翠石，立彼崔嵬巅。

这是一首激浊扬清的政治抒情诗，欧阳修坚信，诬陷毁谤纵然可以在一时之间得意喧嚣，但是，时间一定会做出公正裁决。

石介死后二十一年，一切诬蔑不实之词推倒以后，才由其儿子和门人正式下葬。此时，欧阳修撰写了一篇声情并茂的《徂徕石先生墓志铭》，对石介的为人为学给予了高度评价，并再次以孔子、孟子生前的失意潦倒为例，抚慰死者不屈的亡灵。

庆历八年（1048 年）闰正月，欧阳修有了新的官职，成为了起居舍人，依旧为知制诰，徙知扬州。在告别滁州的时刻，阳光灿烂，花红柳绿，欧阳修吟诵了轻松欢快的《别滁》诗：

花光浓烂柳轻明，酌酒花前送我行。

我亦且如常日醉，莫教弦管作离声。

第十九章　悠然生活

庆历八年（1048 年）二月二十二日，欧阳修来到了扬州上任。

扬州在江淮算得上是名镇，是当时非常繁华的商业城市，而且大运河纵贯南北，同时还与长江在南部边境交叉，自古是我国东南水陆交通枢纽，同时，扬州又是当时淮南路大都督府所在地，而滁州只是它辖境中的一个州郡。

欧阳修来到了扬州之后，主要是来接替张奎的职务，而他要继承的，仍然是韩琦的政治措施。

在扬州，欧阳修开始效法韩琦的做法：宽简政治，不图名利，不求治绩，一切顺应自然而讲究实效，他自称“宽”就是不为苛急，并非放任自流；“简”就是不为繁琐，并非疏忽弛废。

有人问欧阳修：“您治理地方讲究宽松简明，但办事从不拖拉，这是为什么呢?”欧阳修回答说：“以纵为宽，以略为简，则政事弛废，而民受其弊。吾所谓宽者，不为苟急；简者，不为繁碎耳。”“宽松”，是为了不苛刻武断；“简明”，是为了不繁缛琐碎，这就是欧阳修给“宽简”下的定义，也是欧阳修一生施政的行事准则。朱熹评价他说：“公至三五日间，事已十减五六；一两月后，官府阒然如僧舍。”也就是说，欧阳修每到一处为官，刚到三五天，闹事的就减少近一半，一两个月后，官府就像寺庙一样，无人闹事，非常清静。所以，欧阳修当地方官，“不见治迹，不求声誉，以宽简不扰为意，故所至民便，所去民思”。

除此之外，欧阳修还讲究事事亲为，眼见为实。为官一任，他都要深入基层了解各级官吏的绩能、山川地理的形势、经济生产的状况以及部队兵粮器械、军事训练的详情，并一一绘成图表，使当地形势一目了然。有人看他如此用心，颇感不解地问：“你以文章儒学知名天下，还愿意干如此琐碎的俗事?”他回答：“官府的一举一动，无不与民众的生活休戚相关，我怎么敢轻易地疏忽呢?”在尔后权知开封府时，他更是和他的前任知府包拯截然不同，他没有包青天的“龙虎狗铡刀”，但却一切依循人情事理，办事不动声色，不求博取声誉，使开封府井然有序，“事无不治”。难怪后来清朝的人们要在开封府街东西侧各建一座碑，一边是“包严”，另一边却是“欧宽”。可见欧阳修“宽”的行事风格，受到了历朝统治者的推崇。

这个时候，欧阳修又开始着手修建当年韩琦没有完成的几个工程，他完成了无双亭、平山堂等新名胜建筑的修建工作。

无双亭，又名“琼花亭”，坐落在城东蕃厘观，观内有一株琼花，相传为唐人种植，树大花繁，色奇香异，素有“琼花一枝，天下无双”的美称。欧阳修筑栅建亭，保护这株琼花，方便游人观赏，并亲自命名为“无双亭”。

平山堂建在蜀冈主峰上的大明寺西侧，这个地方风光秀丽，景物优美，堂下左右两边古木参天，翠竹掩映，堂前是一块平台，平台的尽头有石栏围护。

站在这里凭栏眺望，远山近水都可以尽收眼底，依稀在望的江南诸山拱揖堂前，仿佛与山堂檐楹齐肩，正是这个原因，欧阳修将它取名为“平山堂”。

大约在四五月的时候，平山堂竣工。

在盛夏的时候，欧阳修经常会率领宾客在这里宴游。他们在凌晨的时候从州城出发，派人前往邵伯湖取来千余朵荷花，分插在一百多个花盆里。

宾客坐定以后，将花盆间杂在宾客之中。行酒令时，由歌伎取一枝花传给宾客，众宾客依次摘叶，叶尽处罚宾客饮酒。大家用这种办法取乐，往往宴饮到夜幕降临的时候才载月而归。

第二年，欧阳修调离扬州之后，赋《答通判吕太博》诗，深情地回忆起这种欢乐的酒宴场面：

千顷芙蕖盖水平，扬州太守旧多情。
画盆围处花光合，红袖传来酒令行。
舞踏落晖留醉客，歌迟檀板换新声。
如今寂寞西湖上，雨后无人看落英。

他感叹自己自从离开了扬州以后，瘦西湖上的荷花从此寂寥无主，没有多少游人，辜负了美好的景物。

在平山堂前，欧阳修亲自栽种一棵垂柳，后人称为“欧公柳”。八年后，欧阳修在朝为官，送朋友刘敞出任扬州，赋《朝中措》词为之送行：

平山栏槛倚晴空，山色有无中。手种堂前垂柳，别来几度春风。文章太守，挥毫万字，一饮千钟。行乐直须年少，樽前看取衰翁。

词中的“堂前垂柳”，指的就是这棵“欧公柳”。

到了北宋末年，徽宗时代，有一个叫薛嗣昌的官员，因为欺罔诈骗，被贬官到扬州，他也在平山堂前栽下一株柳树，自命为“薛公柳”，当时的人对他这种东施效颦的做法嗤之以鼻。待薛嗣昌刚一卸任，这株柳树就被人连根拔掉了，只有“欧公柳”却穿越了千年的时光，独存千古。

皇祐元年（1049 年）二月，欧阳修又来到了颍州上任。颍州位于颍水、淮河之间，这里山水交集，风景秀丽。州城西北郊有西湖，长十里，宽二里，颍水与泉河在这里汇流，形成一汪明镜，号称“十顷碧琉璃”。

夏秋之交，湖面菱荷接天，四周杨柳拂岸，风光旖旎，足以同杭州西湖、扬州瘦西湖相媲美。

为了纪念颍州的名宦晏殊、蔡齐等人，欧阳修在西湖边建筑了聚星堂，在堂上横匾题写“颍滨聚星”四个大字。他与朋友们常在这里宴饮赋诗，往往以抓阄的方式分韵派题。

有一次，大家相约以堂上悬挂的历代圣贤画像为诗题，欧阳修抓阄得杜甫画像，他略作沉吟，赋《堂中画像探题得杜子美》诗：

风雅久寂寞，吾思见其人。
杜君诗之豪，来者孰比伦？
生为一身穷，死也万世珍。
言苟可垂后，士无羞贱贫。

他把杜甫奉为不可超越的“诗豪”，认为如果具有杜甫的诗歌成就，就算是一生都贫贱无依，也不会觉得遗憾。

后世有人根据欧阳修《笔说》中的《李白杜甫诗优劣说》，论定他扬李抑杜，不喜欢杜诗。其实，在他看来，李杜诗歌各有千秋，杜诗不如李诗的笔势纵横，天才自放；李诗不若杜诗的沉郁顿挫，精强深挚。他的“优劣说”只是就李诗的一个方面与杜诗作比较而已。

一天中午，欧阳修与朋友悠游山水回来，已错过了用膳时间。于是，他带朋友来到一家挂有“杏花村”酒旗的普通酒店吃饭。瑟瑟秋风中，酒旗猎猎飘动，“杏花村”三字显得特别醒目，但酒店生意却显得很清淡，只有三五赶集的农民就着炒花生喝酒聊天。地上的花生壳伴着阵阵北风缓缓地往屋里挪动，酒店显得很静。

见欧阳修大人光临寒舍，店主人受宠若惊，赶紧把欧阳修请进僻静的房间，恭请欧阳修点菜。欧阳修点了三个下酒菜后便虚掩房门，与朋友频频举杯。让店主人纳闷的是，上菜后不到二炷香时间欧阳修便唤店主人结账。店主人问：“欧阳大人，敝店酒菜如何？”欧阳修沉吟道：“酒还不错，不过菜呢……”他从店主人手上要过纸笔，题了首打油诗：“大雨哗哗飘过墙，诸葛无计找张良。关公跑了赤兔马，刘备抡刀上战场。”店主人看后，脸涨成猪肝色，为何？原来这四句诗分别说的是“无檐（盐）”、“无算（蒜）”、“无缰（姜）”、“无将（酱）”。这无盐、无大蒜、无姜、无酱油的菜怎能让客人满意？

居住颍州期间，如此趣事，还有许多，不一而足。

皇祐四年（1052年）三月十七日，与“孟母、岳母、陶母”并称为“四大贤母”的欧母病逝，享年七十二岁。当时，欧阳修知应天府兼南京留守司事。对于母亲的溘然长逝，欧阳修悲痛万分，上奏朝廷辞去官职，匆匆交接完所有公务，欧阳修便守护母亲的灵柩来到颍州私第守孝。次年八月，欧阳修带着母亲的灵柩回乡安葬。

父亲死时，母亲还不到三十岁，为了儿子，这位江南望族的大家闺秀，守寡四十多年！现在母亲去世了，他感到欠母亲的太多太多……

途经吉安县永和镇，欧阳修见镇上冷落萧条，人人脸色蜡黄，连忙派人打听缘由。原来镇上正闹瘟疫，很多人身染痢疾。欧阳修从船上取出车前子，派人分送到患者手中，不久患者便康复了。车前子原产河北，数年前欧阳修受了盛暑湿热，下泻不止，众大夫束手无策，是欧母偶遇土郎中献车前子，才得痊愈。这次回乡，他带了一些回来以备急时之需，此时正好派上了用场。据说，乡亲们为纪念欧阳修的救命之恩，将余下的车前子播种栽植，从此吉安有了车前子，车前子也成了吉安传统出口药材。

回到祖居地永丰县沙溪镇，前来凭吊欧母的当地官员络绎不绝，很多人认为欧公是朝廷重臣、皇上亲信，欧母又受朝廷封赠，其丧事应办得隆重、风光。欧阳修却不同意大操大办，他知道母亲一生节俭，不事奢华，他只希望母亲尽早同父亲合葬，入土为安。

安葬好母亲后，欧阳修在距离父母墓约一华里的西阳宫（时名“西阳观”）内结庐守孝。期间，他搜集资料，修欧阳氏族谱，还写了《自识父墓》一文。偶有闲暇，他登山临水，陶醉故乡如画风景；或到村民家做客，体察民情。故乡的山，故乡的水，故乡人的热情好客，故乡人的勤劳纯朴，让欧阳修记忆犹新，终生难忘。

离开故乡的第二年五月，三年守孝期满，欧阳修回到朝廷，受到重用，官越做越大，但他对故乡的感情却从未改变。他多次要求回江西做官，但朝廷不允，回乡葬母是他第二次也是最后一次回故乡。

第二十章　著书立说

小时候，欧阳修身体孱弱多病，到了四十岁以后，伴随着他在政坛上的跌宕起伏，身体越来越差了。

有一年的冬天，由于内火热盛，欧阳修的身体出现了问题，百病缠身。有人跟他说，这主要是由于体内阴阳不调，水火未济，应该以道家"内视之术"来进行调养。

不知是教导有误，还是所学不当，欧阳修施行内视之术后不到一个月，忽然感到双眼剧痛，有如刀割，"不惟书字艰难，遇物亦不能正视"，差点造成双目失明。

后来经过治疗，虽然有所好转，但终究难以恢复如初，在此后的岁月当中，"眼瞳虽存，白黑才辨"（《颍州谢上表》），恼人的眼病一直纠缠着他。

好在欧阳修一向豁达，并没有对他的眼疾特别在意，他曾作诗自嘲道：

洛阳三见牡丹月，春醉往往眠人家。
扬州一过芍药时，夜饮不觉生朝霞。
天下名花唯有此，樽前乐事更无加。

如今白首春风里，病眼何须厌黑花。

欧阳修曾在给他的好友王拱辰的一封信中感叹：“人生多因循！”

他之所以发出这样的感叹，实在是有感而发。从他开始写《新五代史》的时候开始，到现在已经有十三年了。

在这十三年间，政务、灾祸、疾病不时困扰着他的身心，使他很难长时间沉入其中。

来到颍州后，开始的时候比较闲静，身边围绕着许多博学之士，得以“求得少许所缺书”，他也可以专心地写作一段时间。

他在写作过程中，每当遇到难题，总是会跟刘敞在一起讨论，已经写成的书稿也让刘敞先睹为快。

欧阳修一向认为历史的记录应该像《春秋》一样，对那些“可以垂劝戒示后世”的君臣善恶功过与朝廷百事，“直书而不隐”。

可是，在五代那样一个充满战乱与动荡的年代，“兴亡两仓卒，事迹多遗欠”，许多文物资料都已遗失，历史事迹的考证困难重重，因此，他常常如履薄冰，希望刘敞多多提出修改意见。

刘敞觉得，欧阳修所写的《新五代史》做到了“是非原正始，简古斥辞费”，所叙之事非常客观，而且议论公正，且语言简练准确，是一部可以千古流芳的皇皇巨著。

除了撰写《新五代史》，欧阳修还不断地坚持研究《易经》、《诗经》、《春秋》等儒家经典。

从贬谪夷陵时期开始，他就抱着疑古惑经的态度，力辟汉儒以来对经书的各种曲说，强调撇开传注直接“师经”，写下了一系列专题论文，其中许多观点，颇为惊世骇俗，例如关于《春秋》“获麟”一事的解释。

《春秋》可以说是一部编年体的史书，相传主要由孔子据鲁国国史修订而成。所记之事起于鲁隐公元年，止于鲁哀公十四年西狩获麟，共二百四十二年。叙事大部分都非常简略。解说《春秋》的有《左氏》、《公羊》、《谷梁》三家，其中《左氏》详事实，《公羊》、《谷梁》论义例，自汉以来，春秋学就成为儒家经学的一个重要分类。

历来研究《春秋》的学者都认为孔子作《春秋》始于隐公止于“获麟”，一定大有深意，因为麟是一种吉祥的兽类，有的人认为，孔子因见麟而作《春秋》，有的认为孔子作《春秋》因获麟而绝笔。

欧阳修却不认同这些说法，他在《春秋或问》中写道：

孔子……得鲁《史记》自隐公至于获麟，遂删修之。其前远矣，圣人著书足以法世而已，不穷远之难明也，故据其所得而修之；孔子非史官也，不常职乎史，故尽其所得修之而止耳。鲁之《史记》则未尝止也，今左氏《经》可以见矣。

欧阳修认为，孔子著书非常慎重，如果没有一定的史料依据，没有事实的核对，他是根本不会轻易下笔的，所以，其作才能成为万世之法。“获麟”一事与孔子所作《春秋》的起止时间，并不必然存在因果关系，之所以起于隐公止于“获麟”，完全取决于孔子当时所掌握的史料。

隐公之前因年代久远，有关史料难以核实，所以删去不用；“获麟”之后，因孔子不在史官职位上，史料也不能及时得到，所以不再涉及。

反复探讨《春秋》何以起于隐公止于“获麟”是完全没有意义的，因为“义在《春秋》，不在起止”。这个例子也恰恰说明一个问题，即囿于传统偏见，使得人们对《春秋》的理解越来越误入歧途，即便是《左氏》、《公羊》、《谷梁》三传，也有诸多对《春秋》的误解：

夫传之于经勤矣，其述经之事，时有赖其详焉，至其失传，则不胜其戾也。其述经之意，亦时有得焉，及其失也，欲大圣人而反小之，欲尊经而反卑之。

也就是说，“经不待传而通者十七八，因传而惑者十五六”，因此，当代研究《春秋》以及一切先儒经典的学者，一定要具有独立的思想、自由的精神，一定要重新审视前人的传注：

取其详而得者，废其失者，可也；嘉其尊大之心，可也；信其卑小之说，不可也。

欧阳修这种“据经废传”、疑古疑经的治学方法，在思想学术界有了非常大的反响，反对者有之，疑惑者则更多，但也不乏支持者和赞成者。

“庆历新政”时期，在范仲淹等人的支持下，他又将这种学风引入科场，所作策问大都以疑经为题，对青年一代产生了深远的影响。

进士姚辟就是这样一位年轻学者，欧阳修称赞他“超然出众见，不为俗所牵”，希望他将来可以力剿众说，堵塞歧路，将经学研究引入正途，并谆谆告诫道：

正途趋简易，慎勿事岖崎。
著述须待老，积勤宜少时。
苟思垂后世，大禹尚胼胝。

作为毕生追求学业之人，欧阳修深深体会到，从事学术文化事业不只是需要胆识、勇气和毅力，同时也需要忍受常人无法忍受的辛劳与寂寞，所以孔子说：“知之者不如好之者，好之者不如乐之者。”

只有达到“乐之”的程度，学术文化与自身才能融为一体。因为“乐”是通过感官而得来的快感，感官的生理作用，不仅不再与理性所追求的事业发生冲突，反而能转化成一股强大的精神助力，推动着你融入其中。那时，你会感到世间一切声色利禄都无法与之相比。

但是，不管是谁，只有经过持之以恒的艰苦努力，才能达到“乐”的至高境界。这些实际上都是欧阳修最为切实的感受，他曾多次诚恳地将这些感受告知青年学子，希望能够引起他们的注意。他说：

乃知文字乐，愈久益无厌。
吾尝哀世人，声利竞争贪。

哇咬聋两耳，死不享《韶》、《成》。

而幸知此乐，又常深讨探。

在他看来，那些一生沉沦于声色利禄之中而未曾体会到文字之乐的人，就像失聪的聋人那样，至死都不能欣赏到美妙的音乐，生命也因此而产生了无法弥补的遗憾。

欧阳修非常勤勉，他认为写文章有“三多”：“看多，做多，商量多也。”因此，他平时总是能够做到：多读优秀作品，多练习写作，多和朋友们商讨文学问题。

欧阳修作文，一向虚心向人请教，从不满足。有一次，欧阳修、谢希深、尹师鲁三人各撰写一篇题材相同的文章。结果，谢文七百字，欧文五百字，而尹文只有三百八十多字，语言精练，结构严密。欧阳修自觉不如，甘拜下风。晚饭后，他提了酒亲自到尹家拜访，一见面就说：“小弟向你请教来了。”两人促膝交谈，直到天明。回家后，他没有躺到床上，而是立刻振作精神，字斟句酌地重写一篇。结果，不但比尹文少二十个字，而且显得更加完整，更加凝练了。之后，尹师鲁读了，十分惊叹地说：“欧阳修真是一日千里啊！”

欧阳修的创作态度十分严谨，每一篇文章，他都要反复锤炼推敲，精益求精，一丝不苟。这也正是他创作上取得巨大成就的一个主要原因。

在宋代，一些达官贵人在亭台楼阁建成时，总喜欢请文坛大家作文或题字。老朋友韩琦曾建造了一座别墅，他便请欧阳修帮忙写一篇文章，以记录别墅画锦堂建造之事，并请欧阳修在文章写成后立即交给来人带回，以便在重阳节前镌刻堂上。

欧阳修计算了一下日程，立即闭门谢客，拟好腹稿后，一

挥而就。写毕交给来人，来人则立即辞归。

可到了晚上，欧阳修重读白天写的文章，读到“仕宦至将相，锦衣归故乡”时停住了。他觉得这两句意思过直，与上下文衔接也不甚和谐，读起来气短而促。原来是白天成文时，因来人再三催促，没有来得及仔细斟酌所致。他经过仔细推敲，决定各加一个“而”字，从而使文句上下连贯顺畅，意思也较深邃。

欧阳修马上出门，唤醒家人，又牵出一匹快马，交代一番后，家人便快马加鞭，向相州路上飞奔而去。到第二天日落西山时，才赶上了韩琦派来的人，把“而”字诗文重新上交。

从此，欧阳修快马追字的故事便不胫而走，为许多人所熟知和传诵。

欧阳修在自学中尝到了“看多”、“做多”、“商量多”的甜头，但同时也感到欲做到“三多”时间是至关重要的。欧阳修当官以后，公事十分繁忙，但为了力求实行政治改革，仍然写下了许多有相当价值的诗词和散文。欧阳修写作态度非常严谨，一字一句，反复锤炼，每写完一篇便贴在卧室的墙上，随时看，随时改，直到尽善尽美，才肯拿出去给人看。他在安徽滁州当太守时，曾写了著名的《醉翁亭记》。开头写滁州的山景就写了几十个字，后来经人提醒欲修改时，他想这篇游记的重点是写“醉翁亭”，没有必要用过多笔墨描写山景，最后概括成“环滁皆山也”一句，寥寥几个字，洗练明确。有人好奇地问他：哪来这么多时间思考？欧阳修回答：我生平所作文章，多在“三上”，这就是利用马上、枕上和厕上的时间。

欧阳修到了晚年，已经是赫赫有名的大作家了。可是，仍然把以前所写的文章拿出来一篇一篇地修改，冥思苦想。他的夫人劝他：“何必这样吃苦，又不是小学生，难道还怕先生骂吗？”他捻着胡子，呵呵大笑，说：“我倒不是怕先生辱骂，而是怕后生耻笑！”

经过一生勤苦的努力，欧阳修给后人留下了很多著作。有《欧阳文忠公文集》、《新五代史》等，还与人合修了一部《新唐书》。他的诗词也写得很好，尤其擅长写散文。他文风平易流畅，委曲婉转，对宋代及以后的散文发展产生了重大的影响，为我国的文学事业做出了卓越的贡献，成为著名的“唐宋八大家”之一。著名文学家苏轼称赞他：“论大道似韩愈，论事似陆贽，记事似司马迁，诗赋似李白。”

第二十一章　重返朝廷

至和元年（1054 年）六月，欧阳修来到汴京，觐见皇帝。

从他离开朝廷的时候算起，至今已经十年了，想当年，离开朝廷时，他是何等意气风发、年富力强，而现在，他已是“鬓须皆白，眼目昏暗”，仁宗皇帝竟然不敢相认了，不禁恻然伤感。

仁宗皇帝无限关切地询问欧阳修：“为什么头发白了这么多？离京外任有多少年了？今年多大年纪？”

当欧阳修提出，希望继续到地方任职时，仁宗说：“这些年来我见过很多人，一般来说，做小官时还能直言极谏，一旦名位渐高，则多有顾忌。像您这样刚直敢言的人，就不要再离开朝廷了。”

就在这一天，仁宗皇帝赐给欧阳修官服一套，并且在其特别关照下，七月十三日，欧阳修又被任命为权判流内铨。

流内铨是吏部的一个下设机构，负责各州县官的考察、选拔、调动等相关事宜，具有一定的实权，相当于北宋朝廷的人力资源部。

欧阳修接受了新职位，于是，就将心中诸多思虑都放下了，全身心地投入到工作之中。

他慢慢地发现，这些年来，通过科举、门荫等各种途径而具备了做官资格的选人越来越多，而职位却非常有限。待缺者多是孤寒贫乏之人，他们寓居京城等待任命，动辄一年半载，好不容易等到一个合适的职位，又往往被权贵之家的子弟亲戚捷足先登了。

了解到这些情况后，他立即向朝廷呈上《论权贵子弟冲移选人札子》，主张限制权贵子弟入仕特权，仁宗马上批示，让三班院审官按照这一方式办理。

欧阳修万万没有想到，这一奏章再一次激怒了那些将“以权谋私”当成必然现象的小人，这一次的仗义执言又给欧阳修带来了毁灭性的打击。

于是，又一个阴谋迅速出笼了。有人伪造了一份署名欧阳修的奏章，奏章中指名道姓地抨击一些炙手可热的宦官，要求仁宗将他们予以淘汰，这份奏章在京城广为传播，很快，欧阳修就稀里糊涂地成为宦官们的眼中钉、肉中刺。

宦官是皇帝的身边近臣，他们暗中勾结，和朝臣互相勾结，寻找欧阳修的过失，等着去打击报复。过了几天，他们果然找到了一个机会。

翰林学士胡宿和欧阳修非常要好，他的儿子胡宗尧本来是由吏部考察并且改任京官的。材料上报之后，仁宗批示：此人曾犯法，只能按年资逐级提升。原来，胡宗尧此前担任常州推官时，知州擅自以官船借人，胡宗尧却因此而受到牵连，受到朝廷的处分。

待仁宗召见时，欧阳修提出异议，认为胡宗尧当时所犯过失很小，而且已经获得赦免，按照条例规定，可以改任京官。

没有想到，这一次欧阳修却捅了马蜂窝，御前会议刚刚结束，弹劾欧阳修的奏章就已经递到了皇帝的面前，宦官与欧阳修的政敌们群起而攻之，指责他侵夺皇权，徇私枉法。

为了平息“众怒”，仁宗皇帝做出决定，于七月二十七日，决定罢去欧阳修权判流内铨之职，出知同州（今陕西大荔）。

此时离欧阳修走马上任还不到半个月，他又一次成为了流言与阴谋的受害者，又一次重复了十年前的不幸遭遇！

半个多月前，他还在为皇上的关怀感激涕零，为自己壮志衰颓而感到暗暗的自责。没想到，短短的半个月里，阴谋再一次上演。

这一次，欧阳修的心彻底凉了，看着窗外灰蒙蒙的天空，他吟诵出一首低沉、哀婉的悲歌，其中几句为：

岁律忽其周，阴风惨辽复。
孤怀念时节，朽质惊衰病。
忆始来京师，街槐绿方映。
清霜一以零，众木少坚劲。

一年很快就过去了，肃杀的秋风慢慢地吹了起来，天地之间很快就变得非常的苍茫，那满街的绿槐也慢慢地凋零了。自然界的盛衰变化使他联想到人生的起伏迁转，也许不同之处只在于人生应当有所建树，否则将遭到后世讥嘲与批评。

就在欧阳修心绪黯然，打算离开京城的时候，朝廷中很多大臣挺身而出为他辩护。

八月二日，判吏部南曹吴充上疏：“修以忠直擢侍从，不宜用谗逐。若以为私，则臣愿与修同贬。”

接着，知谏院范镇也多次抗言："吏部铨选机构接到皇上批示，有不同意见即申述自己的观点，是完全正常的行为。而谗佞之人竟认为这是侵夺皇权，欧阳修因此得罪。微臣担心这样下去会造成一种上下相畏的不良风气，今后还有谁敢议论是非呢？因此，恳请将进谗言者公之于众，处以重罚，并恢复欧阳修的职务！"

仁宗皇帝听了这些意见，心中已有悔意。

这个时候，刚刚就任宰相的刘沆也为欧阳修辩护，仁宗终于想通了，叫刘沆马上颁发任命。

刘沆说："欧阳修明天将上朝辞行，臣请皇上当面挽留，则恩意出自陛下。"

八月十七日一早，欧阳修上朝，刚入殿堂，还没来得及开口辞行，皇帝便抢先说道："休去同州，且修《唐书》。"

没过多久，翰林学士曾公亮就改翰林侍读学士出知郑州，刘沆奏请以欧阳修接替曾公亮权判三班院。

仁宗说："欧阳修不仅是一名好的差遣官，也是一名好的翰林学士，可以让他接替曾公亮。"

于是，在九月一日的时候，欧阳修就由龙图阁直学士擢升为翰林学士，等到第二天，又任命为兼史馆修撰，过了两个月，又差遣管理三班院。宋承唐制，置学士院，其中翰林学士六名，以谏诤为职责，有权参与大臣任免升黜等朝廷重大事宜的讨论，故当时号称"内相"，又称为"天子私人"，是皇帝最亲近的侍从官。

欧阳修第一天入学士院当值，皇帝亲赐官服一套、金带一条、金镀银鞍辔马一匹。学士院中陈列着许多名画，有董羽的水、巨然和尚的山、燕肃的山水、易元吉的猿猴等，每次来到院中，欧阳修都会在画下徘徊，很长时间都不愿意离去。

就在这个时候，刚刚解除舒州通判的王安石，正在汴京等待新的任命。

八年来，王安石渐渐变成了一个非常传奇的人物。按照朝廷的规定，凡进士高第者，为官一任之后，即可献文要求参加馆阁考试。馆阁之职，最重文才，一经入选，便已跻身社会名流之列，虽然没有实权重任，却是一般文人最为向往的职位，也是仕途发达的最佳捷径，许多高官都由此得到快速升迁。

王安石却似乎全然漠视这个人人看重的机会，恬然自退，在偏远的地方从县令到通判，连续数任都没有主动申请召试馆职。

后来，在宰相文彦博的极力推荐下，朝廷特旨召试。王安石在这个时候，却以祖母年老、家境贫困为由辞谢了朝廷的召考。一个下级官员竟然敢谢绝朝廷的美意，这让整个朝野都充满了好奇。

由于曾巩多次的介绍，欧阳修对王安石有了非常深的了解。在庆历七年（1047 年），他曾托曾巩转达自己热切的期望："欧公甚欲一见足下，能作一来计否？胸中事万万，非面不可道。"

而王安石也对会见充满期待，只是当时各自游宦一方，无缘相见。如今同在京城，终于得偿宿愿。欧阳修作《赠王介甫》一诗，表达了自己对王安石的高度赏识：

翰林风月三千首，吏部文章二百年。
老去自怜心尚在，后来谁与子争先？

朱门歌舞争新态，绿绮尘埃试拂弦。

常恨闻名不相识，相逢樽酒盍留连！

“翰林风月”、“吏部文章”指李白的诗、韩愈的文章，这是欧阳修心中认为的诗文的典范。

这么多年，欧阳修奋发努力，就是要扫除韩愈去世后二百年间文坛的枯藤野棘，创造一个新的文学辉煌时期。

然而现在他深感壮心犹在而年华老去，只得把希望寄托在年轻一代的身上。王安石的出现令他眼前一亮，这位个性独特的临川才子在同辈中可谓无人可与之争先。

而尤其令欧阳修激赏不已的是，王安石不同流俗、甘于寂寞、独守古风，具备了成就伟大事业的重要人格素质。这首诗中，欧阳修满怀热情地“付托斯文”，希望王安石能成为新的文坛领袖，领导宋代的诗文革新运动。可是，王安石却志不在此，在回赠的诗作中他写道：

欲传道义心虽壮，强学文章力已穷。

他日若能窥孟子，终身何敢望韩公？

抠衣最出诸生后，倒屣尝倾广座中。

只恐虚名因此得，嘉篇为贶岂宜蒙！

诗歌最开始是从“道”、“文”发意，所说的主要是自己学文无力，但是传道的心犹壮，立志奉孟子为圭臬，于韩愈则不再问津，谦抑之中隐含着青年王安石自视甚高的气度，与他独特的个性正相符合。

他在十七八岁的时候，就自言“欲与稷契遐相希”，志向高远宏大；二十二岁作《送孙正之序》，即推崇孟子排杨墨、韩愈排释老，赞为“术素修而志素定”，说明他志在道德、学术和政治方面，于文学则是第二位的，这也是欧阳修与王安石两人用心不同之处。

有人据此批评王安石傲慢无礼，其实这颇有曲意解说之嫌。通观全诗，王安石这种慨然以天下为己任的自豪自傲的气度，并不等于骄人，更不含有贬抑欧阳修的意思。“抠衣”、“倒屣”两句，即描述自己初见欧阳修时惊喜万分，甘愿在很多门生之后的心情，以及对欧阳修的赞许内心非常感激等。

对于这位不同寻常的晚辈，欧阳修也是照顾有加，他总是尽自己的所能予以奖掖、提携。按照以往的惯例，朝廷置台谏官四名，但目前仅有两名。

欧阳修觉得，王安石、吕公著两人是合适的谏官人选，正可补此空缺，而吕公著却是欧阳修原来的政敌吕夷简的儿子，可见欧阳修为国家选拔人才时，并没有私心在作怪。

他向朝廷呈上《荐王安石、吕公著札子》，在札子中写道：

伏见殿中丞王安石，德行文学，为众所推，守道安贫，刚而不屈；司封员外郎吕公著，是夷简之子，器识深远，沉静寡言，富贵不染其心，利害不移其守……今谏官尚有虚位，伏乞用此两人。

虽说朝廷最终没有采纳这一建议，但是，很快就任命王安石为群牧判官，担任这一官职通常要求做过一任知州的朝官，或是做过一任通判的馆职，而王安石此时仅做过一任通判，并没入馆，所以属于破格录用。可是王安石仍是极力推辞，坚决要求外任，后经欧阳修的再三劝说，这才勉强就职。

第二十二章　主持考试

嘉祐二年（1057 年）正月六日，欧阳修被任命为权知礼部贡举。此时，同他一道主持本届考试的贡举是韩绛、王珪、范镇和梅挚。梅尧臣担任参详官，负责考试、录取等具体事务。作为当时文坛的领袖，欧阳修决定利用这个大好机会，进行一次文体文风的革新。

到了这个时候，北宋诗文革新运动大约已经过去了半个世纪，宋朝立国之初，王禹罗的诗文创作力矫五代卑弱浮艳文风。到真宗大中祥符年间，杨亿、刘筠、钱惟演为首的“西昆体”盛行天下，“五代体”扫荡殆尽。仁宗天圣年间，诏令文风复古，石介等人猛烈攻击华艳、佻薄的“西昆体”。到了庆历年间，欧阳修主盟文坛，西昆“时文”渐息，士林流行一种求深而“迂”、务奇而“怪”的新文风，人称“太学体”。

受太学学官石介、孙复、胡瑗等人的影响，这种内容迂阔偏激、文辞艰涩怪僻的古文，在同“西昆体”斗争的过程中渐次产生，并且愈演愈烈。

历史在这个时候出现了惊人的重复，在北宋诗文革新所面临的紧要关头，欧阳修敏锐地觉察到：“太学体”弊端多多，如不加以限制，必将后患无穷。他决定运用行政的力量，采取断然措施，来倡导这次文风的改革。

宋代的科举考试，通常都会采取“锁院”、“糊名”、“誊录”等一系列方法，以杜绝考官的徇私舞弊，考官们只能够在成绩确定、启封张榜的时候，才知道考卷主人的姓名。

欧阳修在评判考卷的时候，他看到了一份“太学体”试卷。考生的功底非常好，但文章内容有点空疏，而且其思想偏激，文辞险怪。在一通空洞议论之后，考生写道：“天地轧，万物茁，圣人发。”

欧阳修听说太学里有个叫刘凡的学生，很擅长这种文章，而且颇有名望。他估计这是刘凡的试卷，于是在文章末尾开玩笑地续上两句：“秀才刺（荒谬），试官刷。”并用大红笔在试卷上从头到尾横抹一杠，批上“大纰谬”三字，将它悬榜示众，黜落不取。这种涂抹批改文字，宋人谑称“红勒帛”。后来启封一看，真的就是刘凡的试卷。

在这场礼部考试当中，只要是这种文风奇涩的文字，都没有人入选。

就是这位刘凡，之后两年又化名刘辉，并且改变了文风，结果就在御试中得到了第一名，而担任御试进士详定官的正是欧阳修。

最开始的时候，欧阳修听说刘凡参加这场御试，说道：“除恶务尽，要继续打击轻薄考生和险怪文风，铲除文坛害群之马。”

在复查试卷时，看到一位考生在文章中议论道：“主上收精藏明于冕旒之下。”欧阳修为此肯定地说：“我读到刘凡的文章了！”于是毫不犹豫地将其黜落，后来启封时才发现，考生是江苏举子萧稷。

另一位考生在赋试文章中写道："故得静而延年，独高五帝之寿；动而有勇，形为四罪之诛。"欧阳修拍案叫好，于是就选拔为第一名。金銮唱第的时候，大家才知道了，这位刘辉就是当年的刘凡。

嘉祐二年（1057年），贡举的论试题是《刑赏忠厚之至论》。在评判试卷时，梅尧臣读到一份试卷，语言酣畅通达，气势古朴雄放，颇有孟子文章风格。他吟咏再三，欣喜若狂，赶忙向欧阳修推荐，建议擢为第一名。

欧阳修读后也惊喜异常，觉得应占榜魁。但是，观其文风颇似门生曾巩，为了避嫌疑，免闲话，欧阳修还是将它压为第二名。

待到卷子揭晓，才知道原来出自二十二岁的眉山苏轼之手。苏轼文章中引用了一个典故："皋陶曰：'杀之'，三。尧曰：'宥之'，三。"

欧阳修不知它出自何经何典，发榜之后，苏轼登门拜见，欧阳修问到此事。

苏轼从容回答："记载在《三国志·孔融传》注解当中。"

欧阳修查找无着，再问苏轼。苏轼说："曹操灭了袁绍，将袁绍儿子袁熙的妻子赐给自己的儿子曹丕。孔融道，过去武王伐纣，曾经将妲己赐给周公。曹操惊问见于何书？孔融说，以今日之事观之，估计是这样的。我的文章关于尧、皋陶之事，也是按照情理推测的。"说话间，眉宇之间透出一股青年人特有的豪刚之气。

欧阳修退而惊叹说："这个人可称得上善于读书，善于用书，日后文章一定独步天下。"

过了一段时间，欧阳修读到苏轼《谢欧阳内翰书》，又一次拍案叫绝。他在《与梅圣俞》书简中说道：

读轼书，不觉汗出。快哉，快哉！老夫当避路此人，放他出一头地也。可喜，可喜！

欧阳修一方面哀叹：“三十年后，一定流行苏轼的文章，没人阅读我的文章了。”另一方面，他乐于进贤，竭力推赏奖掖苏轼，显示了他的豁达大度。欧阳修拔擢后人的举动很快就被传为文坛佳话了。

就在礼部发榜的时候，太学中原先名声彰著，中选的呼声非常高，且世人特别推重的学子大部分都落选，中第者大都是一些文风平易的无名之辈，很快，朝野上下议论纷纷，风波骤起。落第举子们怨怒谩骂，攻击考官终日沉溺于诗歌酬唱，评判试卷时敷衍塞责。

有些轻薄放肆的落选者，拦堵在欧阳修上朝的途中，见欧阳修车马驰来，一齐上前围攻辱骂。街道上那些巡逻的士兵看到了，赶过来护卫，也无法制止这样的事情发生。

甚至还有人撰写《祭欧阳修文》，扔到了欧府，诅咒他早日死去。

这场贡举考试，获取的人才可说是空前的盛大，堪称空前绝后。北宋文化史上著名学者苏轼、苏辙、曾巩、吕大钧、程颢、张载、朱光庭等人，都是这一榜人选。

当初不服气的落第举子们后来都心悦诚服了，尤其值得庆幸的是，通过科举严厉打击了“太学体”文章，文坛风气焕然一新，一代平易自然的宋文风格从此形成。

第二十三章　归老隐居

熙宁四年（1071 年）七月初，欧阳修回到了他一直魂牵梦萦的颍州，从此，他就退出官场，从变幻莫测的政治生活中解脱出来，做了一个闲云野鹤般的归隐老人。

这个时候，他感到无比的轻松、自在。他从此一身道服、羽衣鹤氅，安闲、恬淡地隐居在西湖之畔、颍水之滨：

青殿宫臣宠并叨，不同憔悴返渔樵。
无穷兴味闲中得，强半光阴醉里销。
静爱竹时来野寺，独寻春偶过溪桥。
犹须五物称居士，不及颜回饮一瓢。

颍州西湖有非常美丽的风景，曾很多次激起了他的诗兴。现在挂冠归来，他更感到“清风明月，幸属于闲人”（《西湖念语》）。

有的时候，他结伴同游，有的时候，他乘兴独往，“鸣蛙暂听，安问属官而属私；曲水临流，自可一觞而一咏”。

流连赏玩之余，“因翻旧阕之辞，写以新声之调”，欧阳修将二十年前所作的一些诗词加以整理和补充，命人用笙箫伴奏演唱，这就是著名的《采桑子》十首。

这组《采桑子》词，均以“西湖好”起句，为连章鼓子词，歌咏颍州西湖风物之美与自己流连忘返的愉悦心情：

轻舟短棹西湖好，绿水逶迤，芳草长堤，隐隐笙歌处处随。

无风水面琉璃滑，不觉船移，微动涟漪，惊起沙禽掠岸飞。

——《采桑子》其一

在这个静日无风的日子里，任一叶轻舟在辽阔澄碧的湖面悠然飘浮。绿水迢遥，芳草铺满长堤，微波轻动处，成群的鸥鹭扑翅惊飞……悠扬的笙歌，不知从何处游船上隐约传来，与这无边的美景融为一体，恍如天籁……

春深雨过西湖好，百卉争妍，蝶乱蜂喧，晴日催花暖欲然。

兰桡画舸悠悠去，疑是神仙，返照波间，水阔风高扬管弦。

——《采桑子》其二

到了春天，雨过初晴，到处都是明媚的春光。湖畔的芳草鲜美，到处都是百花竞放，蝶舞蜂鸣。湖上画船飘荡，弦管阵阵，笑语声声……此情此景，不是仙境，胜似仙境。

画船载酒西湖好，急管繁弦，玉盏催传，稳泛平波任醉眠。

行云却在行舟下，空水澄鲜，俯仰流连，疑是湖中别有天。

——《采桑子》其三

载着酒在湖中游玩，自是兴味无穷。在节拍紧凑的欢快乐声中推杯换盏，在平波细浪的宁静水面上恬然醉眠……水天一色，澄明鲜润，天光云影倒映水中，飘忽的流云在舟畔嬉戏，仰观俯察之际，诗人几乎怀疑湖中别有云天……

阳春艳景的西湖固然美好，而当百花凋零，春光已去，西湖依旧有一份清淡平和之趣：

群芳过后西湖好，狼籍残红，飞絮蒙蒙，垂柳栏干尽日风。

笙歌散尽游人去，始觉春空。垂下帘栊，双燕归来细雨中。

——《采桑子》其四

在微风之中，我们看到了落英缤纷、垂柳依依、飞絮悠然飘过了晴空。等到了黄昏后，听到了呢喃燕语、细雨沙沙，双燕相随飞回新巢……平淡而不乏味，寂寥却不伤感，从容，安详，宁静，淡然，就像作者的人生历程——“绚烂

至极归于平淡”。

此时此刻，一个经历过了繁华与沧桑的欧阳修，他对于西湖的美好已经不分清晨傍晚、春夏秋冬，也无论热烈开朗、清静冷寂，总是感觉生活如此美好：

荷花开后西湖好，红幢绿盖，烟雨微微……

风清月白西湖好，一片琼田，鸥鹭闲眠……

残霞夕照西湖好，十顷波平，莲菱香清……

欧阳修既是西湖的主人，又是西湖的朋友，更是西湖的知己：

何人解赏西湖好，佳景无时，飞盖相追，贪向花间醉玉卮。

谁知闲凭阑干处，芳草斜晖，水远烟微，一点沧洲白鹭飞。

——《采桑子》其五

在这个远离了是非争斗的地方，欧阳修摆脱了他的荣辱忧患，人同自然的和谐，心与物的统一，带给他最深的快乐，最大的安慰。

欧阳修甚至将自己“历仕三朝，备位二府”的从政经历自嘲为“卖弄”，当年与韩绛、吴奎、王畦同为翰林学士时，他们曾相约五十八岁致仕，如今虽然已经“过限七年”，终于得以“乞身归老”，也算是言出必行，宿愿得偿了。在寄给老友韩绛的诗中他不无得意地写道：

人事从来无定处，世途多故践言难。
谁如颍水闲居士，十顷西湖一钓竿。

欧阳修闲居颍水，文名天下传，自然引无数士人竞折腰，拜访者大多抱着崇敬的心情前来虚心讨教，但其中也不乏一些自命清高、不自量力之徒过来看稀奇。

颍水有一个酸秀才，总觉得自己满腹经纶，学富五车，放眼天下，认为唯有欧阳修勉强可以与自己一比。当他得知欧阳修来到本地后，秀才决定现场与欧阳修比试比试。他背上行囊，踌躇满志地上路了。一路上，秀才想着，以自己的才华，欧阳修老先生还不对自己心服口服，甘拜下风，从此见了就绕道走？如果老先生能对自己进行举荐，那岂不更是好事一桩！

秀才来到河边，准备渡河。正巧河边有一棵树，秀才张口便吟："路旁一枇杷，两朵大丫杈。"前两句来得顺溜，后面却不知道该如何接，正抓耳挠腮之际，旁边一个花白老头正在钓鱼，见秀才下句答不上来，便念道："未结黄金果，便开白玉花。"秀才一听，觉得接得自然，不禁拱手赞道："想不到你一个老头也会吟诗，对得还不错。"

两人结伴上了船。船至河中，秀才见水中一群鹅，诗兴又起，便吟道："远看一群鹅，一棒打下河。"可惜，一下子又想不出下文，他准备翻书查找，一旁的老翁见了，按住他的手，不慌不忙地对道："白翼分清水，红掌踏绿波。"

秀才大喜，心想："想不到老翁肚里还有点墨水，竟能懂得我的诗意。"当下便告诉老翁，自己是去找欧阳修探讨学问的，并邀请对方一同前往，并随口再作诗一首："诗人同登舟，去访欧阳修。"

哪知老翁连忙拱手："修已知道你，你还不知修。"原来，此老翁就是欧阳修，他的意思就是我欧阳修已知道你了，你却还不知我就是欧阳修。秀才得知此老翁竟然就是欧阳修，不觉满面通红，赶紧向欧阳修作揖，抽身离去，回去后再也不敢发狂了。后来，人们就用谐音，把"不知修"变成了"不知羞"，以此讽喻那些自以为是、脸皮很厚、不知羞耻的人。

第二十四章　病逝颍滨

就在欧阳修过着闲适生活的时候，韩绛却在这一年的三月，因边关战事失败被罢相，之后出任邓州知州。

这个时候，欧阳修又想起了一件往事。皇祐二年（1050年），那时他正留守在南京，老朋友杜衍退休闲居，两个人经常在一起饮酒吟诗，而欧阳修在一首答赠杜衍的诗中吟咏道：“报国如乖愿，归耕宁买田。期无辱知己，肯逐利名迁。”

迄今二十个年头了，杜衍弃世也已十五个春秋，自己方才实现归耕买田的诺言。追怀往事，热泪纵横，他赋诗一首，派人送呈南京杜公祠堂，告慰这位敬爱的师长，诗中咏道：

掩涕发陈篇，追思二十年。
门生今白首，墓木已苍烟。
报国如乖愿，归耕宁买田。
此言今始践，知不愧黄泉。

九月的时候，苏轼、苏辙两兄弟一起来到了颍州，他们此行是前去贬地，顺便拜谒恩师欧阳修。

就在本年的六月，在京师担任开封府推官的苏轼因为訾议新法，被人诬告，自请贬到杭州。七月抵达陈州，与担任陈州州学教授的苏辙团聚。苏轼在陈州大约停留了两个多月，启程赴杭州的时候，与苏辙同来颍州谒见恩师欧阳修。

欧阳修热情接待了苏氏兄弟，苏轼《陪欧阳公燕西湖》诗，主要描写的是欧阳修六十五岁的形貌与谈锋：

> 谓公方壮须似雪，谓公已老光浮颊。
> 扡来湖上饮美酒，醉后剧淡犹激烈。

欧阳修鹤发银须，满面红光，言辞慷慨激昂，身体看上去非常健康。苏轼诗中还写道："插花起舞为公寿，公言百岁如风狂。"欧阳修甚至酒后乐观地说自己能够活到一百岁。没想到，不到一年的时间，他就溘然逝去了！

欧阳修拿出自己珍藏的紫石屏，供苏氏兄弟观赏。他早年自赋《紫石屏歌》，苏舜钦、梅尧臣都有和诗，这次大、小苏也都应命赋写了诗歌。

由于苏轼兄弟的到来，晚年的欧公兴奋异常，好像返老还童了。他已经是满头白发，可是谈起话来依然滔滔不绝，慷慨激昂。苏轼还在头上插起了鲜花，跳起了舞蹈，为老师祝寿，为老师助兴。时当晚秋，寒霜虽已降临，西湖上的芙蓉菊花由于受到感染，争相盛开怒放。师生有说不完的话，叙不尽的情，宴会一直持续到深夜。苏轼晚年回忆颍州西湖上见到恩师的形象是"我怀汝阴六一老，眉宇秀发如春峦。羽衣鹤氅古仙伯，岌岌两柱扶霜纨。至今画像作此服，凛如退之加渥丹"。欧公穿的是羽衣鹤氅，俨然道服，像一个成仙的老人。

这次颍州聚会，是苏轼兄弟与老师最愉快也是时间最长的一次聚会，他们师生在颍州欢聚了二十多天。同时，这也是苏轼与老师的最后一次见面。次年闰七月，欧阳修就去世了。这是欧阳修与苏轼兄弟留下的一段与颍州，与西湖有关的富有意义的文坛故事和佳话。

在闲居的这段时间里，欧阳修阅读了很多前贤的诗歌，而且还记录了很多熟知的诗人掌故及文坛轶事，说是“以资闲谈”，实际上评古论今，借以阐述自己关于诗歌创作的理论观点。

他将书稿题名为《诗话》，从此，我国文坛增添了一种新的文学样式，一种随笔漫谈式的诗歌评论体。

宋代以后，以《诗话》命名的诗歌批评著述如雨后春笋，日臻繁盛，后人为了表示区别，将欧阳修的开山之作改称为《六一诗话》。

熙宁五年（1072 年）春末，七十四岁的赵槩千里驾舟，来到颍州拜访欧阳修。赵槩熙宁元年（1068 年）退居南京，去年冬天来函相告，说是今春赴颍州聚会。

欧阳修闻讯不胜欣喜，说道：“这是山阴名士王徽之拜访朋友戴逵以后，几百年间没有过的盛事啊！”

欧阳修热情地款待了千里来访的赵槩，这两个人在一块谈诗论赋，一起游览颍州名胜，对饮酬诗，盘桓一月有余。

临别之际，欧阳修许诺明年身体稍好的时候，将赴南京回访。谁知数月后，欧阳修就离开了人世……

七月，欧阳修同他的儿子欧阳发等人一起编纂的《居士集》告竣。《居士集》是今存唯一的一本欧阳修自编集，所收录的文章以《薛简肃公文集序》为最后一篇，作者自署其写作时间为“熙宁四年（1071年）五月”。致仕归颍以后的诗文，一概没有辑入。编纂工作自上一年五月开始，到本年七月结束。文集每卷末尾，都署有“熙宁五年（1072年）秋七月男发等编定”字样，实际上选文一一出自欧阳修之手，欧阳发等人不过是协助工作罢了。

在整个编纂过程中，欧阳修所有事情都亲自去做，呕心沥血，不辞辛劳。有的文章修改数十遍才最终定稿，有的文章掂量好几天，尚无法决定是否入选。

闰七月，欧阳修由于工作太累，又一次病倒了，他自己也知道，多年积劳成疾，此次恐怕一病难起。病情刚一恶化，他留下遗嘱，邀请韩琦为自己撰写墓志铭。

欧阳修生病在床休息，他听着窗外的雨声，回想起以往秋天出游焦陂的情景。焦陂在颍州城南四十里，每逢秋高气爽时节，这里莲荷飘香，肥鱼鲜美，是人们理想的游览胜地。此时此刻，他呻吟于床褥，执笔写下生平最后一首诗歌《绝句》：

冷雨涨焦陂，人去陂寂寞。

惟有霜前花，鲜鲜对高阁。

他想象着秋雨中的焦陂，游人寂寥，秋花空对亭台楼阁。谁知这竟成了不祥的谶语，没过几天，果真是“人去陂寂寞”了。

二十三日，欧阳修走完艰难坎坷的人生旅途，在颍州西湖边的私人住宅里安然逝去，享年六十五岁。

三年后，欧阳修棺柩在河南新郑县旌贤乡刘村（今河南新郑县辛店乡欧阳寺村）落土下葬。薛氏夫人及四个儿子欧阳发、欧阳奕、欧阳棐、欧阳辩等先后埋葬此地。

在以后几百年的岁月里，这里形成了规模宏大的欧阳家族墓地，新郑也因为欧阳修的宏文巨著而闻名于世，千百年来，此地香火祭祀不绝，“欧坟烟雨”也成了河南新郑境内一处著名的人文景观……